PAGU
Literatura e Revolução
Um Estudo sobre o Romance *Parque Industrial*

Thelma Guedes

Ateliê Editorial

nankin
editorial

Copyright © 2003 Thelma Guedes

Direitos reservados e protegidos pela Lei 9.610 de 19.02.1998.
É proibida a reprodução total ou parcial sem autorização,
por escrito, das editoras.

Dados Internacionais de Catalogação na Publicação (CIP)
(Câmara Brasileira do Livro, SP, Brasil)

Guedes, Thelma
    Pagu: Literatura e Revolução: um estudo sobre
o romance Parque Industrial / Thelma Guedes. –
Cotia, SP: Ateliê Editorial; São Paulo:
Nankin Editorial, 2003.

Bibliografia.
ISBN 85-7480-169-0 (Ateliê)
ISBN 85-86372-58-7 (Nankin)

1. Galvão, Patrícia, 1910-1962. Parque
Industrial – Crítica e interpretação I. Título.
II. Título: Um estudo sobre o romance Parque
Industrial.

03-6825   CDD-869.9309

Índices para catálogo sistemático:
1. Romances: Literatura brasileira: História
e crítica   869.9309

Editores
Plínio Martins Filho

e

Valentim Facioli

Direitos reservados à

ATELIÊ EDITORIAL	NANKIN EDITORIAL
Rua Manuel Pereira Leite, 15	Rua Tabatingüera, 140, 8ª andar, cj. 803
06709-280 – Cotia – São Paulo	01020-000 – Centro – São Paulo
Telefax: (11) 4612-9666	Fone: (11) 3105-0261 / 3106-7567
www.atelie.com.br	Fax: 3104-7033
atelie_editorial@uol.com.br	www.nankin.com.br
	nankin@nankin.com.br

Printed in Brazil   2003
Foi feito o depósito legal

A meus pais, Lucy e Arlindo.

*Seja um freqüentador das estradas da liberdade
quem deseja participar da luta pela liberdade.*

PATRÍCIA GALVÃO (PAGU)

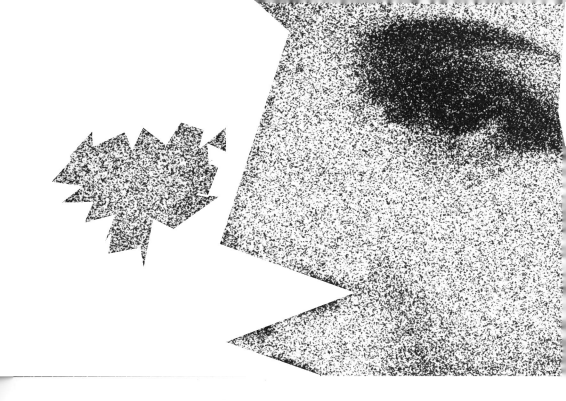

Prefácio – *Geraldo Galvão Ferraz* 13

Nota Introdutória 17

I. A Escolha do Objeto de Estudo: Apresentando o Problema 21

II. *Parque Industrial*: Engajamento e Experimentação 47

III. Parêntesis: Espírito de Concepção do Romance 71

IV. Aspectos da Elaboração de um "Romance Impossível" 109

V. *Parque Industrial*: Qual sua Relevância Hoje? 137

Bibliografia 143

Prefácio

Os deuses velam por Pagu. Assim como aconteceu com relação aos contos policiais de *Safra Macabra*, que resgatei por puro acaso – ou, como acredito, pela ação marota dos deuses – das páginas amarelecidas de uma coleção da revista *Detective* (abertas em busca de uma história de Dashiell Hammett), um encontro casual numa Bienal do Livro me fez conhecer Thelma Guedes. Coisa vai, coisa vem, estou escrevendo estas linhas, abrindo este livro que estuda o romance *Parque Industrial*, escrito por minha mãe, Patrícia Galvão, a Pagu.

Geralmente, as introduções de livros como este, extraídos de teses universitárias, são escritas por luminares acadêmicos a que os autores dos ditos livros desejam homenagear pela sapiência ou por favores pessoais. Bem, não é o caso. Até porque, quando se trata de Patrícia Galvão, tudo é diferente. Como a sapiência está fora de questão e como Thelma não me deve favores, imagino que ela tenha me convidado a fazer este texto como uma forma de se aproximar da escritora que ela obviamente admira e como um meio de resgatar algo do lado humano, pessoal, de Pagu. Pelo que me toca, é uma honra.

Thelma Guedes em seu *Pagu – Literatura e Revolução* focaliza o *Parque Industrial*, obra a que colaram o rótulo de "o primeiro romance proletário brasileiro", espero que mais verdadeiro do que o de "musa do modernismo" aplicado a sua autora. O livro, como se sabe, é de 1933. Patrícia Galvão tinha então 23 anos, estava à beira da grande viagem que fez para a América do Norte, Ásia e Europa. Casada com Oswald de Andrade, tinha o filho Rudá e estava nos mais acesos ataques da febre da militância política.

O processo de criação do romance deve ter sido rápido, fruto de entusiasmo e de revolta. Entusiasmo pela possibilidade de produzir algo que pudesse transformar o mundo e revolta pela situação desesperadora das operárias das fábricas do Brás paulistano, exploradas pela pobreza e pelo sexo.

Pagu aprendia depressa – e bem. Foi assim que, por exemplo, virou a mesa, digamos, do casal Tarsila do Amaral e Oswald de Andrade. Jogou-se a fundo no ativismo político, chegando a participar de um quixotesco "esquadrão fantasma", que fazia a segurança armada das reuniões do Partido Comunista. *Parque Industrial*, ao que tudo indica, deve ter tido uma gestação rápida e febril. As influências oswaldianas bem evidentes não invalidam, como bem mostra o presente trabalho de Thelma Guedes, a originalidade das opções estéticas da escritora. Além disso, refletem a alta dosagem emocional que sempre marcou os textos de Patrícia Galvão.

Thelma Guedes aponta acertadamente o caráter do livro como seguidor da linha de que a toda obra revolucionária deve corresponder uma forma revolucionária, tantas vezes incompreendida. A denúncia apaixonada de uma situação de injustiça, que exigiria uma reviravolta profunda no tecido social, só poderia encontrar eco num texto que incorporasse idéias e tiques vanguardistas, de onde quer que viessem. *Parque Industrial* mescla, assim, desde as criações de *Memórias Sentimentais de João Miramar* e *Serafim Ponte Grande* até recursos expressivos vindos do cinema, do jornalismo, e mesmo da poesia futurista.

Nessa busca de remissão das mulheres exploradas, trata-se, como aponta o estudo, de uma obra fracassada *a priori*. A tentativa de usar o romance, forma literária burguesa por excelência, para subverter o *status quo* capitalista selvagem é corajosa, admirável, embora um tanto ingênua na prática, sobretudo se for considerada a realidade então (então?) vigente. Para exemplificar, o uso de uma tipografia diferente, de letras maiores e mais legíveis, não bastaria para levar operárias a ler, entender e aproveitar as denúncias do romance.

A autora de *Pagu – Literatura e Revolução* se detém também na questão do perfil expressionista do livro, falando do desencanto que está "presente desde as primeiras linhas". Exatamente o desencanto que deve ter sido uma das razões que levaram alguém do Partido a censurá-lo e obrigaram a autora a publicá-lo sob pseudônimo tanto como a busca de uma clandestinidade no período feroz da ditadura getulista.

A gangorra entre experimentação e engajamento é o eixo do romance ("um texto da sua hora") e também o do trabalho de Thelma Guedes, que identifica dados instigantes na leitura do texto de Patrícia Galvão, como o fato de a narrativa ser tão ligada à narração oral, como o uso pioneiro do que hoje chamamos de romance-reportagem (talvez fosse interessante um estudo comparativo com os métodos de John Dos Passos), como a verificação da falta desse recurso do romance burguês, a presença da memória dos personagens.

O texto que se vai ler em *Pagu – Literatura e Revolução* é também o de uma advogada de defesa de Patrícia Galvão. A autora repele as aparências de que o romance seria "projeto isolado de uma escritora jovem e inexperiente" e liberta-o da pecha de "texto simplista" pela radicalidade de seu enfoque. Mostra bem que a recusa de um modelo bem-comportado e monolítico como o do realismo socialista fez *Parque Industrial* escapar das doenças infantis que tornam tantas vezes insuportável ler romances de tese.

A discussão que encerra este livro sobre a herança deixada por *Parque Industrial*, por exemplo, em textos como *Cidade de Deus*, de Paulo Lins, é muito pertinente ao mostrar que o romance da jovem de 23 anos representa bem mais do que as simples razões que a crítica literária convencional e acomodada tem reconhecido.

O trabalho de Thelma Guedes revela sobretudo que *Parque Industrial* tem o dom de despertar paixões ainda hoje, setenta anos depois. E é desse material que são feitos os livros que importam de verdade.

GERALDO GALVÃO FERRAZ

Nota Introdutória

Este trabalho foi redigido e impresso pela primeira vez sob a forma de dissertação de mestrado, intitulada "Revolução contra a literatura: *Parque Industrial*, de Patrícia Galvão"; apresentada para banca examinadora em agosto de 1998, no Departamento de Letras Clássicas e Vernáculas, área de Literatura Brasileira, da Faculdade de Filosofia, Letras e Ciências Humanas da Universidade de São Paulo, sob a orientação do Prof. Dr. Valentim Facioli.

Da banca examinadora participaram a Profa. Dra. Iná Camargo Costa, do Departamento de Teoria Literária e Literatura Comparada da FFLCH-USP, e o Prof. Dr. Benedito Antunes, da Faculdade de Letras da Unesp de Assis.

Para a presente edição, o texto passou, naturalmente, por um trabalho de revisão e de pequena ampliação, dirigido a correções e acréscimos de informações não disponíveis na época do primeira redação.

A resolução de alterar o título do trabalho deve-se sobretudo a um comentário da própria Patrícia Galvão, numa de suas crônicas literárias, no qual ela afirma: "Felizmente, não coloco em título a palavra 'contra'"[1]. Achei por bem seguir o exemplo dado pela escritora.

---

1. Em "Um Manifesto aos Escritores", *Vanguarda Socialista*, I (31), Rio de Janeiro, 29 mar. 1946.

Durante a revisão para publicação em livro, também foi analisada a possibilidade de supressão do terceiro capítulo da monografia, intitulado "Parêntesis: espírito de concepção do romance", que procura sintetizar fatos e reflexões ligados à questão do engajamento e autonomia da arte. No entanto, a decisão acabou sendo a de manter o capítulo nesta edição, considerando-o segmento fortemente alinhavado, integrado organicamente tanto à análise do romance quanto às considerações e reflexões dirigidas à postura de Patrícia Galvão, escritora que viveu intensamente as questões colocadas em pauta nessa parte do ensaio. Embora considerando as inevitáveis limitações que um resumo de situação tão complexa possa apresentar, o terceiro capítulo do livro poderá auxiliar o leitor que desconheça completamente o tema, levando-o ao menos a uma iniciação no assunto e permitindo que os outros capítulos possam ser acompanhados de maneira mais confortável. Além disso, é importante frisar que, nas notas de rodapé e na parte destinada às referências bibliográficas, estão indicados trabalhos que aprofundam a discussão em torno das vanguardas artísticas e dos impasses da arte e da cultura mediante a questão do engajamento, no período aqui tratado.

Uma última advertência que julgo necessária: em texto introdutório do livro *Safra Macabra*, Geraldo Galvão Ferraz – filho da escritora – diz o seguinte:

> Patrícia Galvão detestava ser chamada de Pagu. Pelo menos foi o que me disse várias vezes no final de sua vida. Pagu era o rótulo que parecia designar, segundo ela, uma pessoa que já não existia. Alguém que morrera há muito tempo, vítima do esmagamento de seus entusiasmos juvenis por engrenagens implacáveis.

Ainda que Patrícia Galvão não apreciasse ser chamada dessa maneira, o livro refere-se a ela muitas vezes como Pagu, por ser seu pseudônimo mais conhecido e, ao mesmo tempo, o tratamento carinhoso comumente utilizado por quem a admira. Além disso, é uma forma de reverenciar a face que julgo mais vigorosa da autora, que foi capaz de escrever um romance arrebatador como *Parque Industrial*. E repetir o nome *Pagu* é, acima de tudo, uma maneira que encontro de rejeitar o massacre brutal dos entusiasmos e esperanças empreendido pelas "engrenagens implacáveis" que ainda hoje, sob outros nomes, faces e disfarces, prosseguem o seu trabalho destrutivo, violento e incansável.

T.G.

I *A Escolha do Objeto de Estudo: Apresentando o Problema*

quem resgatará pagu?
patrícia galvão (1910-1962)
que quase não consta das histórias literárias
e das pomposas enciclopédias provincianas?

AUGUSTO DE CAMPOS

Refletir sobre a obra literária de Patrícia Galvão, assim como sobre o quase absoluto silêncio que a circunscreve, no âmbito da história e da crítica de nossa literatura, é um movimento em direção a uma aproximação e enfrentamento do que nessa escrita se configura como maior problema e talvez do que se apresente ao leitor crítico como uma grande dificuldade. A tentativa de olhar para um texto vigoroso e inquieto como o dessa escritora exige quase naturalmente o tratamento da expressão literária que mais revele sua vitalidade e seu desassossego; e, em conseqüência, a obra que talvez guarde o melhor da escritora, uma fortuna que, sabemos bem, ainda não foi investigada a contento.

Não é à toa, portanto, que minha escolha tenha recaído sobre a análise do romance proletário de Patrícia Galvão, *Parque Industrial*. O estudo pretende pôr de maneira muito consciente o "dedo na ferida" de uma obra pouco e mal compreendida pelos estudiosos de literatura.

Parque Industrial, na mesma medida em que se apresenta como uma experiência literária instigante, à espera dos críticos, é sem dúvida um dos enigmas mais difíceis de decifrar, um dos maiores problemas, senão o maior, que envolve a literatura de Patrícia Galvão e, particularmente, sua maneira pouco comum de encarar as potencialidades e limites da matéria literária. E o caráter problemático se coloca, desde o início, a partir mesmo da inclusão de uma autoclassificação da obra, em seu subtítulo, dentro do campo complicado e um tanto obscuro do gênero "romance proletário".

Assim, nos termos do "problemático" e lidando com noções suscitadas pela forma final desse texto de Pagu, como "impasse" e mesmo "fracasso", é que nossa leitura crítica de *Parque Industrial* procurará aproximar-se do ser-ou-não-ser desse romance difícil, um romance que é e não chega a ser romance de fato; pelo menos, no que se refere aos cânones sob os quais o gênero nasceu, se estabeleceu e é reconhecido até hoje.

Para começar, podemos fazer um exercício de pensar a natureza do texto dialeticamente, trabalhando com a idéia de sua "derrota". Sem esquecermos que o significado do vocábulo pode assumir duas variantes distintas, mas que aqui poderão nos servir igualmente: o sentido primário do termo, aderido ao aspecto náutico, em que "derrota" quer dizer *rota*, *rumo a seguir*, *caminho*, e um segundo sentido, segundo o qual "derrota" é *perda da batalha* ou *retirada estratégica*.

Investigando ainda a origem latina desta palavra, encontraremos *de + ruptum*, cujo sentido é *abertura de caminhos*. É assim que podemos considerar a derrota de Pagu, em seu primeiro romance: como a perda de uma batalha, uma retirada estratégica, mas, ao mesmo tempo, uma abertura de caminhos na literatura[1].

Pensar nos fundamentos da derrota da obra pressupõe, de certo modo, sondar se o texto de Patrícia se frustra como romance (e abre caminhos ao gênero romance), pelo que tem de excepcional e irrealizável em sua matéria, forma ou autoria. Em que termos e sob quais perspectivas o fracasso do romance *Parque Industrial* de fato teria ocorrido?

O presente estudo experimenta, em certo sentido, e nas devidas proporções, sentimento próximo ao gosto de aventura da literatura de Patrícia Galvão e, ao mesmo tempo, ao desconforto do texto que não tem o poder de solucionar os problemas do mundo e da literatura. Mas tenta ser

---

1. As definições do termo "derrota" foram pesquisadas no *Grande Dicionário Etimológico-Prosódico da Língua Portuguesa*, de Francisco da Silveira Bueno.

abrangente e, na medida do possível, atravessar o extenso leque de referências que ocupam a órbita de interesse da atuação literária de Pagu e da elaboração de seu primeiro romance.

O objeto "romance": um primeiro contato

Um texto de poucas páginas, de estrutura realista aparentemente pouco elaborada, explicitando uma linha de pensamento materialista e procurando revelar o cotidiano do proletariado no parque industrial da cidade de São Paulo dos anos 30: em princípio, essa é a matéria literária a se trabalhar criticamente. Ao nos aproximarmos do romance mais detidamente, porém, verificamos sob sua forma só aparentemente simples – construída como parte de um projeto de simplificação – um trabalho literário complexo e uma voz narrativa que abriga uma consciência cheia de dor, perplexidade e grandes interrogações diante da realidade; o que logo impede que *Parque Industrial* seja tomado como experiência literária simplória ou simplista.

As chaves para as reflexões e conclusões que envolvem o estudo desse texto, que se autodenomina romance, só inicialmente parecem estar à mão do leitor. A partir da observação de seus componentes narrativos mais visíveis, uma leitura superficial da obra oferecerá um quadro em que se evidenciam mais prontamente duas proximidades: com a estética modernista por um lado, e com a do engajamento político-partidário por outro.

Assim, é comum vermos Patrícia Galvão classificada como uma artista menor do Modernismo, freqüentemente comparada ou simplesmente associada a Oswald de Andrade, pelo relacionamento amoroso que viveram. Outras vezes, é vista como uma escritora que obedeceu cegamente aos ditames estéticos do Partido Comunista nos moldes do Realismo Socialista. No entanto, como procuraremos demonstrar, ambas as classificações são parciais e estão equivocadas. O duplo compromisso, com a experimentação formal e com a revolução proletária, dá-se em uníssono no romance de Pagu, fruto do mesmo sentido desassossegado e de um desejo de ruptura e destruição do mundo burguês, cuja caducidade o texto pressentia: "A burguesia se estraçalha, se divide, se esfarela, marcha para o abismo e para a morte" (*Parque Industrial*, p. 125). E era preciso apressar o fim do que por aqui mal estava começando. O comprometimento apontado não implica, no caso, a realização de uma escrita que possa ser considerada (não sem problemas) como essencialmente modernista ou que siga estritamente o modelo literário do Realismo Socialista. Há inúmeras outras implicações, pois a dupla disposição do texto aparece não como um simples assentamento de antagonismos (engajamento da arte + liberdade da arte), mas como um espaço onde essa tensão deveria ser vivenciada radicalmente.

A obra colocada à margem: silêncio e tentativas de resgate

Quanto à recepção da literatura de Patrícia Galvão, constatamos três atitudes diferentes, ainda que complementares:

Em primeiro lugar, vê-se claramente que, mesmo no círculo de pessoas cultas, Patrícia e seu trabalho literário são praticamente desconhecidos. Em segundo, é fácil constatar a recusa que a obra da escritora sofre, principalmente seus textos ficcionais, da parte de grande parcela de estudiosos de literatura. No âmbito da crítica, da intelectualidade e da Academia, Pagu não conquistou consideração e respeito, como uma escritora séria, que mereça estudos consistentes. Sua obra é tratada freqüentemente nos termos da superficialidade. Criou-se o que nos parece ser um perigoso rótulo para a autora e sua escrita. Pagu acaba interessando mais pelo que representa como fato curioso do que por sua contribuição no contexto de nossa literatura. A criação de um mito afastou o investimento na compreensão do que está por detrás dele. Deste modo, o rótulo virou facilmente um preconceito, um prejuízo à leitura da obra de Patrícia.

Por fim, ficamos diante do que pode haver de pior para uma criação artística: um grande constrangimento, traduzido pelo silêncio expressivo em torno dela. Em outras palavras, a obra de Pagu recebeu o desprezo quase absoluto dos estudiosos das letras, acadêmicos ou não.

Como já foi dito, muito se cultua da personalidade interessante dessa mulher que marcou e revolucionou normas e costumes de seu meio e de seu tempo. Pessoas sensíveis costumam entusiasmar-se com o fogo, o mistério, a força e a coragem que envolvem sua vida. Mas a literatura de Patrícia Galvão propriamente não se costuma enfrentar. Por quê?

Kenneth David Jackson, num texto de 1978, chama a atenção para esse descaso da seguinte forma:

> Esse trabalho excepcional e importante é apenas brevemente mencionado no *Dicionário de Autores Paulistas* de Luís Correa de Melo e apenas registrado no segundo romance de Patrícia Galvão, *A Famosa Revista*, escrito em 1945 com o jornalista e crítico modernista Geraldo Ferraz. Uma crítica sobre o livro foi publicada em 1933 em *Bronzes e Plumas* e João Ribeiro elogiou-a em crítica que aparece em seu livro *Crítica – Os Modernos*, editado pela Academia Brasileira de Letras em 1952. Este romance social, entretanto, não é encontrado em nenhuma biblioteca pública de outro Estado do Brasil que não São Paulo e pode ser considerado completamente desconhecido na literatura brasileira[2].

Após o texto de Jackson, ocorreram algumas importantes iniciativas de resgate do nome e da obra de Pagu, que não podemos deixar de citar. Entre elas, destacam-se o lançamento de edição fac-similar de *Parque Industrial*, em 1981, pela Editora Alternativa, e o do livro de Augusto de Campos, *Pagu. Patrícia Galvão. Vida-Obra*, publicado em 1982, pela Brasiliense.

O livro de Augusto de Campos retira o nome da escritora praticamente do esquecimento. É um trabalho sério e competente, que reúne fragmentos significativos da obra de Patrícia, assim como importantes documentos críticos e biográficos a ela relacionados. Documentos esses, que até então se mantinham dispersos e que o autor faz acompanhar sempre de comentários e textos explicativos. Para quem deseja conhecer a autora ou estudar sua obra, é imprescindível a passagem pelo livro de Campos, que foi o primeiro empenho mais expressivo e profundo no sentido de tirar Pagu e sua obra do limbo, iluminando-as, apresentando-as ao público da atualidade.

Também é digna de nota a realização do filme *Eternamente Pagu*[3], lançado em 1987, que a homenageou, tornando acessível ao grande público, em cinema e vídeo, a personagem histórica de Pagu.

---

2. "Patrícia Galvão e o Realismo-Social Brasileiro dos Anos 30", *Jornal do Brasil*, 22 maio 1978, reproduzido em *Pagu: Vida-Obra*, de Augusto de Campos, pp. 286-287.

3. A direção do filme *Eternamente Pagu* é de Norma Bengell; argumento e pesquisa de Márcia de Almeida; roteiro de Márcia de Almeida, Geraldo Carneiro e Norma Bengell.

Outras iniciativas trouxeram à cena o nome de Patrícia, já na década de 90. Em 1994, *Parque Industrial* foi reeditado pela Editora da Universidade Federal de São Carlos em parceria com a Editora Mercado Aberto. A publicação é apresentada pelo ensaio "Pagu e a Experiência da Linguagem", de Flávio Loureiro Chaves, e prefaciada por Geraldo Galvão Ferraz.

Em relação a essa edição tão bem-vinda, a única ressalva é quanto ao fato de o texto não ter sido impresso da maneira como foi concebido pela autora, com diagramação larga e generosa, letras grandes e amplos espaços entre frases e períodos. Como veremos a seguir, o aspecto gráfico original é parte inerente ao projeto de romance proletário de Patrícia Galvão. A desobediência a ele implica necessariamente uma perda.

Também no ano de 1994, Todd Irwin Marshall apresentou na Universidade da Carolina do Norte, como trabalho final de seu mestrado em artes, um interessante estudo sobre o primeiro romance de Pagu. A monografia de Marshall, intitulada *Patrícia Galvão's Parque Industrial: A Marxist Feminist Reading*, segundo ele, tem como objetivo apresentar "uma leitura do 'feminismo-marxista' de Patrícia Galvão". Ainda segundo Marshall,

> A análise procura fornecer uma ampla definição do papel da mulher no proletariado marxista e, conseqüentemente, de questões que dizem respeito à rejeição pelo Partido Comunista no Brasil ao feminismo como uma causa social válida (Abstract, p. iii).

São notáveis o interesse e a tentativa do pesquisador no sentido de desvendar as questões levantadas pelo romance *Parque Industrial*. Ainda assim, não se pode deixar de apontar falhas graves no estudo. Há alguns equívocos na leitura do autor, que confunde tramas, não entende certas passagens, algumas palavras e expressões lhe escapam à compreensão, além de certas descrições de personagens serem por ele conferidas a outras. Eis alguns exemplos: a) em determinado trecho do romance, há a descrição propositalmente esculhambatória de uma aristocrata num ateliê de costura; o autor se confunde e credita a descrição a uma operária; b) na transcrição de alguns trechos do romance de Pagu em seu estudo, Marshall abusa da expressão "sic" para manifestar seu estranhamento ante expressões que ele simplesmente desconhece ou não consegue compreender. Como quando o texto do romance se dirige a uma certa madame "enrijecida de elásticos". Na verdade, a menção é feita ao antigo hábito de usar elásticos para puxar a pele do rosto, tornando-a menos flácida; c) a personagem Eleonora é sempre chamada pelo narrador do romance como "Eleonora da Normal", referindo-se ao fato de a jovem ser aluna da Escola Normal. Marshall confunde o atributo "da Normal" e o utiliza como sobrenome da personagem; d) o autor da tese afirma que Corina morre na prisão, o que, definitivamente, não acontece, pois a personagem se prostitui e no último capítulo do romance está com Pepe, vivendo inconscientemente sua extrema marginalização.

Nesses momentos, vemos Marshall distanciar-se da compreensão do romance, graças provavelmente a dificuldades com a língua portuguesa e pouco conhecimento de nossa cultura. De todo modo, não podemos esquecer que os modos narrativos de Pagu são bem incomuns, às vezes até para leitores de sua própria língua.

Por outro lado, como crítica literária, a tese de Todd Marshall procura apresentar definições concretas e definitivas demais, relacionando muito diretamente o romance de Pagu "com o papel da mulher no proletariado marxista", quase sem se preocupar com o aspecto estético do projeto da escritora.

Há, no entanto, reflexões pertinentes e interessantes em seu estudo. A parte do trabalho de Marshall que mais nos chama a atenção é o capítulo destinado à análise da personagem Corina – a operária que se prostitui – em que Marshall dialoga com as reflexões de Marx, Lacan e Bataille sobre o tema da prostituição. *Grosso modo*, Todd Marshall trabalha com o conceito lacaniano de "escolha", como imposição e geração de carência. Nessa linha de reflexão, argumenta que seriam duas as exposições da mulher proletária na sociedade apresentada por Pagu: como operária e mulher. E Corina, ao "escolher" a prostituição como forma de vida e sobrevivência, estaria entregando-se a uma terceira exposição. De fato, seria a "escolha" do suicídio como saída, o que ele chama "ilusão de fuga". O uso da idéia de prostituição em Bataille não é muito bem explorado por ele. Todd não deixa clara a questão que apenas enuncia: a da prostituta como objeto de desejo, que ele contrapõe com a trama de Corina e Arnaldo. Quanto ao uso da concepção marxista em relação à prostituição, o estudo de Marshall menciona a passagem do Manifesto Comunista dedicada ao tema. E, logo em seguida, interpreta o nascimento do bebê de Corina como "metáfora do relacionamento decadente, que, em geral, define o senso de imoralidade burguesa". Diz que são apenas os enfermeiros e médicos, pertencentes à classe burguesa, que vêem e chamam o bebê de Corina de "monstro", fruto do que Bataille chama "baixa prostituição". A idéia de Marshall é interessante, não há dúvida. Mas ele parece se esquecer de que, no romance, o bebê de Corina não sobrevive porque, apesar de nascer vivo, ele não tem pele. E é monstruoso sim! Pois a intenção do romance parece ser exatamente esta: a de apresentá-lo como monstro. Interessa ao texto da escritora expor a monstrualização desse ser, cuja presença no romance, como veremos, será essencialmente metafórica.

É digno de nota que, para o estudioso norte-americano, a reflexão dirigida ao romance de Patrícia Galvão se reveste de um significado maior do que um mero estudo acadêmico. Este significado Marshall expressou no final do prefácio, parte que escolhe para agradecimentos: "Finalmente, agradeço a Patrícia Galvão, por me ajudar a conhecer as utopias do comunismo. Podemos todos vê-lo agora como um sonho utópico e não como o monstro criado pela guerra fria" (p. v).

Outro fato importante relacionado à obra da escritora foi a publicação, nos Estados Unidos, de *Parque Industrial*, pela Universidade de Nebraska. Na edição norte-americana, a tradução do romance é de responsabilidade do brasilianista Kenneth David Jackson, estudioso que, como já vimos, se deixou sensibilizar pelo romance.

Em 1996, uma descoberta surpreendente de Geraldo Galvão Ferraz revelou outra faceta da escritora. Na década de 40, Pagu teria escrito contos policiais, sob o pseudônimo de King Shelter, para a revista *Detetive*, na época dirigida por Nelson Rodrigues. Nove desses contos foram reunidos e publicados, em 1998, pela editora José Olympio, no livro intitulado *Safra Macabra*.

A publicação dos contos policiais de Pagu é valiosa. Os textos são mais uma prova de que Patrícia Galvão não foi apenas uma personalidade interessante que brincou de fazer poemas modernistas ou uma partidária do comunismo que redigiu um manifesto engajado em forma de romance. Não, Pagu foi uma escritora que tentou, experimentou e investiu em diferentes formatos literários.

Há quem considere contos policiais e de suspense gênero literário menor. Não é o meu caso, mas ainda que fosse e ainda que alguém alegasse que nem Patrícia quis assumir a elaboração desses textos de *pulp fiction*, escondendo sua verdadeira identidade atrás de um pseudônimo com ares gringos, ainda assim, não há como deixar de observar a qualidade literária dos contos publicados em *Safra Macabra*.

O escritor Marcos Cesana se refere às narrativas policiais de King Shelter da seguinte maneira:

> Há, acima de tudo, o texto. Bem, o texto seduz aos poucos, dá gosto de ler de tão bem escrito e, enquanto encanta, engana. Todo o tempo se tem a ilusão de que é possível saber qual será o desfecho de cada história, até que a gente se deixa levar e surpreender.
>
> Com maestria, Patrícia Galvão enganou a todos com seus contos policiais.
>
> É um engano feliz. *Safra Macabra*, provavelmente, não vai decepcionar o leitor que gosta do gênero policial, e pode impressionar aquele que o apanhar como uma subliteratura[4].

Mas, se houve quem evidenciasse o valor literário desse trabalho, houve quem ficasse na superfície fácil, martelando o cacoete de envolver Pagu em aura de despropósito, extravagância e desvario. Naturalmente, isso acaba por se tornar mais um problema para a compreensão de sua obra. Pouco se fala de Patrícia como escritora e, quando se fala, o tratamento é enviesado. Cresce, portanto, o risco de se acomodar na interpretação de sua atuação revolucionária na literatura como simples amalucamento. Gratuito, vazio e inconseqüente.

Alguns enfoques, frente à descoberta dos contos policiais publicados em *Safra Macabra*, insistem no sestro da insensatez. Por exemplo, uma

---

4. Marcos Cesana, "Pulp Fiction à Brasileira", *Revista Cult*, II (12): 26-27, jul. 1998.

matéria de jornal traz em seu título: "Modernismo em Transe: Musa de Oswald de Andrade usou pseudônimo em revista popular"[5]. A chamada curiosa reafirma a associação da imagem de Pagu com falta de coerência, com maluquice. Reduz a escritora à "musa" de Oswald de Andrade e dá destaque a um suposto "transe" do Modernismo. Os contos policiais de Patrícia Galvão aparecem, portanto, como mais uma das excentricidades da musa rebelde. E mais uma vez, não se leva a sério o texto, a literatura. Outro artigo, dessa vez publicado em revista, adere ao tom do artigo citado anteriormente. O título da matéria não assinada é o seguinte: "Pagu, lado B: Musa do modernismo escreveu literatura barata"[6].

Essas chamadas são suficientes para o que queremos demonstrar: enquanto a atenção se volta unicamente para o que soa como escândalo e esquisitice, o estudo sério sobre as realizações literárias de Pagu não tem vez. E os textos da escritora acabam amargando um obscuro segundo plano.

É certo que o espírito vivo e irreverente é próprio da personalidade de Patrícia Galvão e parte essencial de sua literatura, mas a preocupação exclusiva com a figura lendária sobrepõe-se ao interesse pelo contato com sua obra como objeto estético, seja em termos de sua simples leitura, seja principalmente como matéria para uma avaliação e análise críticas.

Em 1999, pela Editora Unisanta, saiu a quarta edição, ampliada e atualizada, de *Pagu: Livre na Imaginação, no Espaço e no Tempo*, de autoria de Lúcia Maria Teixeira Furlani, e com prefácio de Geraldo Galvão Ferraz.

Numa edição bem cuidada e vastamente ilustrada – em que a pesquisa iconográfica merece destaque – o livro de Lúcia Maria Furlani destina-se a homenagear carinhosamente Pagu. Por meio de um texto breve e entusiasmado, a obra é um elogio apaixonado à vida e à personalidade de Patrícia Galvão. Além de se configurar explicitamente como mais uma tentativa de lembrança e resgate do nome da escritora. E como o objetivo da obra não é de um estudo literário, a escrita de Pagu é apenas mencionada e pouco comentada pela autora. Ao romance *Parque Industrial* é assim que Lúcia Furlani se refere:

5. Jornal *O Globo*, Segundo Caderno, 19 fev. 1997.
6. Revista *Veja*, 15 maio 1996, p. 125.

A esta fase de engajamento político pertence também o romance *Parque Industrial*, publicado em 1933. Embora limitado por uma visão reducionista dos conflitos sociais, o que faz abundar os jargões político-partidários, este "romance proletário" reflete a solidariedade da autora com o operariado de origem italiana do Brás e o engajamento político-social, que seria uma preocupação da intelectualidade dos anos 30. Além de modernista, é urbano, marxista e feminista. Ousado, como a autora, que contava então 22 anos, escandalizou tanto o leitor considerado burguês como a própria militância comunista.

Seus personagens são quase todos mulheres: as moças da fábrica e do ateliê de costura, militantes do PC, normalistas. Os homens são geralmente seus espancadores, delatores e sedutores.

O romance escancara situações que não se enquadravam no moralismo pequeno-burguês dos comunistas, pelo menos em três aspectos. Faz a ligação entre exploração econômica do proletariado e exploração sexual das mulheres, ressaltando a mulher proletária como a de piores condições de vida. Utiliza elementos da linguagem diária, cotidiana, considerada mais grosseira, do "povo", graças à sua experiência pessoal de trabalho e convívio com operários, a partir de 1931. Por último, aborda de maneira aberta e franca a sexualidade dos personagens[7].

Vemos também aqui, no livro de Lúcia Maria, malgrado a simpatia da autora por sua homenageada, uma certa dificuldade de aproximação com o romance proletário de Pagu e, podemos até dizer, um certo incômodo com a face fortemente engajada politicamente da obra. Ainda que Lúcia Furlani consiga perceber aspectos inovadores e revolucionários do romance, que o tornaram tão inadequado aos padrões vigentes na época em que foi editado, parece, no entanto, que a estudiosa procura colocá-lo entre aspas no conjunto da obra-vida de Patrícia Galvão.

Na verdade, no livro de Furlani, todo o engajamento de Pagu é inserido nesse patamar dificultoso. Ao falar do *Homem do Povo*, semanário editado por Oswald e Patrícia, por exemplo, ela começa usando os seguintes termos: "Mesmo sem concordarmos com a radicalidade do jornal, [...]"[8].

---

7. Lúcia M. Teixeira Furlani, *Pagu: Livre na Imaginação, no Espaço e no Tempo*, pp. 19-20.
8. Lúcia M. T. Furlani, *op. cit.*, p. 19.

O reconhecimento de alguns aspectos revolucionários de *Parque Industrial* não impede que, mais uma vez, o engajamento de Pagu seja considerado "uma visão reducionista dos conflitos sociais".

Mas o livro *Pagu: Livre na Imaginação, no Espaço e no Tempo* possui qualidades inegáveis, como homenagem e tentativa de resgate da memória de Patrícia Galvão. Tendo como ponto alto a publicação de textos inéditos de Pagu e Geraldo Ferraz sobre a experiência de escreverem a quatro mãos o romance *A Famosa Revista*.

Embora sejam empreendimentos extremamente importantes, necessários e fundamentais, os trabalhos dedicados a Patrícia Galvão e sua obra, até o momento, mostraram-se ainda insuficientes para o resgate mais profundo de seu trabalho literário.

A escritora: lenda, vida e literatura

O que chama a atenção no caso de Patrícia Galvão é que, perversamente, parece haver duas faces públicas da mesma personagem de nossa história literária, que se apresentam de certo modo como destoantes e conflituosas: a Pagu "oswaldiana", festejada por todos graças às suas ousadas aparições e *performances* nos meios modernistas – imagem destinada à aceitação rápida e assimilação fácil – e, em oposição, a imagem renegada, que incomoda: o aspecto visto como amargo e agressivo da escritora revolucionária, da intelectual combativa, militante política radical e incansável, que experimentou em sua expressão literária criar um espaço comum para a liberdade artística e para a revolução.

As duas faces são de fato manifestações legítimas de uma mesma personagem. Manifestações inseparáveis. Pode-se afirmar que a inquietação de Patrícia Galvão é uma só. O sentido de sua vida esteve sempre fortemente vinculado ao sentido de seus objetivos estéticos. Da mesma maneira que lutou corajosamente por uma liberdade material e de consciência para os indivíduos de seu tempo, a autora de *Parque Industrial* brigou pela liberdade para a arte, reclamando espírito e vigor dos artistas. Para a escritora, o termo "liberdade" tinha um significado vasto e profundo, que valia tanto para a realidade quanto para a arte – como seu reflexo e seu sonho. Um sentido aliado a valores ampliadores de possibilidades: inquietação, questionamento, transgressão e superação de velhas fórmulas repressivas estabelecidas pela tradição. Suas ações no campo da política, da ficção e da crítica literária compuseram um percurso coerente de incessantes buscas, no qual, em nenhum momento, a acomodação teve lugar.

A trajetória de Pagu no mundo da cultura e da arte tem início numa atuação, aos dezenove anos, como artista e musa da 2ª dentição da antropofagia modernista. Nessa época, Pagu desenha, escreve poemas e apresenta-se publicamente, lendo textos de Raul Bopp e de Oswald.

No começo dos anos 30, Patrícia ingressa no PC e passa a escrever artigos ácidos para a seção "Mulher do Povo" no jornal *O Homem do Povo*, semanário tão combativo que conseguiu editar apenas oito números, tendo sido empastelado por estudantes de Direito, praticamente em seu nascedouro. Em seguida, no ano de 1933, a escritora lançaria seu primeiro romance, *Parque Industrial*.

Em dezembro do mesmo ano, Pagu viaja pelo mundo – Hollywood, Japão, Manchúria, China, Sibéria, Rússia, Polônia, Alemanha e França[9]. Durante a viagem à França, atua na *Front Populaire* e trava contato com poetas surrealistas franceses.

As atuações políticas levam a escritora a ser presa, em Paris. E por pouco Pagu não é deportada para a Alemanha nazista. É salva pelo embaixador Souza Dantas, que consegue trazê-la de volta. Aqui, pouco tempo depois, ela não escapa de ser presa, por duas vezes.

No começo da década de 40, já fora da prisão, Patrícia Galvão dedica-se intensamente à atividade jornalística, escrevendo para diversos jornais.

---

9. A viagem, que começou em dezembro de 1933 e terminou com sua prisão e repatriação na França, em dezembro de 1935, é descrita pela própria Pagu, da seguinte forma: "[...] Rio-Pará, Pará-Califórnia, travessia do Panamá, travessia do Pacífico, Japão... Raul Bopp, cônsul em Osaka, fez a maior parte dos itinerários pelas quatro mil ilhas, depois foi a vez da Manchúria (o encontro com Freud, em viagem na China), a coroação de Pu-Yi, onde esta jornalista brasileira dançou no grande salão com um repórter norte-americano, quebrando a etiqueta; depois foi a China; depois a Sibéria; depois a Rússia nos tempos de fé que aí desmoronaram... Depois a Polônia, a Alemanha nazista, onde para chegar a uma cervejaria, na longa parada do trem, a Gestapo dispensou dois homens para me vigiar, depois a França... E um ano depois a dura e longa viagem de volta" ("Às Vésperas de Viagem Predomina a Perspectiva", *A Tribuna*, de Santos, n. 238, 15 out. 1961).

Em 1945, trabalha como cronista literária do jornal *A Vanguarda Socialista* e escreve seu segundo romance, *A Famosa Revista*, em parceria com Geraldo Ferraz, um texto de franca oposição ao Partido Comunista.

A Manhã, *O Jornal*, *Diário de São Paulo*, *Jornal de São Paulo*, *Fanfulla*, *A Noite*, *A Tribuna* (onde escreve a primeira coluna sobre televisão) são alguns dos jornais onde Patrícia Galvão trabalhou, escrevendo artigos de crítica e crônica de arte, entre as décadas de 40 e 50.

Em 1949, candidata-se à vereadora pelo Partido Socialista Brasileiro, publicando o contundente panfleto *Verdade e Liberdade*.

Nesse mesmo período, passa a se dedicar intensamente ao teatro, tanto à crítica quanto a realizações cênicas. Freqüenta a Escola de Arte Dramática (EAD) e se envolve em atividades do Teatro Universitário Santista (TUS). Traduz Ionesco, dirige uma peça de Arrabal, introduzindo entre nós a estranha e densa poética dos dramaturgos do absurdo.

Em dezembro de 1962, Patrícia Galvão morre.

O estudo: carta de intenções e síntese

O objetivo central deste trabalho é aproximar-se da obra literária de Patrícia Galvão como objeto estético. O empenho será o de observar, investigar e procurar cercar o "problema" inerente à ficção da escritora Patrícia Galvão, no romance *Parque Industrial*. O resgate que se pretende efetuar diz respeito à abertura de espaço mais amplo para a discussão das questões suscitadas pela obra. Espaço esse não de fuga, mas de confrontação com as faces do "impossível" ou do "inviável" da proposta de Pagu de elaboração de um romance proletário.

Como uma leitura crítica em bases consistentes precisa contextualizar o objeto de sua atenção, a tentativa, neste caso, será ver a literatura de Pagu, e mais particularmente o seu primeiro romance, como parte de um contexto maior, deépoca e lugar. O estudo invocará, então, um grande número de elementos de ordem estética, externos à obra da autora, mas que estiveram na pauta das discussões do momento em que *Parque Industrial* foi escrito e editado.

O primeiro romance de Patrícia Galvão, publicado em 1933, sob o pseudônimo de Mara Lobo, foi uma proposta estética concebida em circunstâncias históricas e culturais bem específicas. E se a experiência literária de Pagu dialogou com outras proposições de mesma ordem no resto do mundo, foi no calor das primeiras horas dessa movimentação. Por isso, a análise dos elementos narrativos do romance deverá ser introduzida por uma visão das condições gerais, no Brasil e no mundo, que serviram como pano de fundo para essa realização. E tais elementos deverão permear todo o desenvolvimento deste estudo.

A escolha do objeto de pesquisa quase sempre prefigura uma identificação do estudioso com o material a ser desvendado. E quanto maior a aproximação do pesquisador com seu tema, maiores as chances de a identificação ir se transformando numa adesão mais profunda e num compromisso – no caso de objetos de arte – de defesa de sua qualidade, da validade de sua proposta.

Este livro não foge a essa regra, o que é um perigo quase natural. E não são poucas as qualidades que identifico no trabalho literário de Pagu, dentre as quais posso citar, de pronto: coragem de uma autoria que se expõe; vigor de uma narrativa ágil que transborda emoções intensas; visualidade e oralidade que atualizam a narrativa a cada leitura; além da ironia que se associa ao olhar generoso de um foco narrativo forte, ativo, desejante.

No entanto, tentando transcender a afeição espontânea, o trabalho crítico, na medida do possível, procurará não se limitar a tecer a simples defesa do romance *Parque Industrial* – uma tarefa que por si só não daria conta de responder à rejeição e ao silêncio que a obra tem recebido dos críticos. Além do mais, talvez a simples defesa de qualidade baseada no agrado, que procurasse, no lugar de expor, preservar o texto das dificuldades que lhe são imanentes, deixaria de evidenciar uma questão fundamental que sobrevém a qualquer discussão sobre uma realização artística: a reflexão sobre os critérios de valoração estética que estão em pauta quando uma criação é avaliada. E nesta reflexão, sabe-se bem que a questão de gosto pessoal é apenas secundária.

Em síntese, o intuito aqui é proceder a um estudo de enfrentamento de uma obra e de uma escritora quase inteiramente desconsideradas pela história e pela crítica de nossa literatura.

Sem encobrir as características problemáticas que engendram, elas mesmas, princípio e fim do romance proletário de Patrícia Galvão, sua proposição e sua prática, seu "ser" e o seu "para quê", nosso olhar procurará, ao contrário, distinguir os elementos de dissonância de um texto que, ao mesmo tempo em que quer afrontar e romper com o gênero romanesco, quer-se romance e, de certa forma, procura construir-se como tal.

O estudo esforça-se para levantar esses elementos particulares ao romance. Levantar as questões, porém, não quer dizer resolvê-las, mas cercálas pacientemente, tentando fugir dos equívocos promovidos pelos preconceitos. Nesse sentido, não é possível, nem é o que se deseja, estampar respostas ao final deste livro, tecendo julgamentos de valor concretos e definitivos sobre *Parque Industrial*. Não temos, pois, a pretensão de sugerir uma avaliação fechada nesses termos, mas apenas investir numa leitura de investigação atenta.

O espaço negado ao romance e a outros trabalhos literários da escritora, no cenário da literatura brasileira – mesmo que pessoalmente Patrícia Galvão possa figurar nele como interessante personalidade performática – decorre, entre outros motivos, de um desencontro, de um descompasso dos interesses literários da autora com os interesses de grupos que determinavam o que devia ou não ser escrito e publicado, tanto de um lado como do outro das ideologias e elites culturais da época em que o romance foi elaborado. A inadequação dessa produção literária aos moldes do mercado da arte foi, de fato, um dos fatores que mais prejudicaram a sua recepção[10].

Embora uma atitude literária como essa possa parecer ingênua, para a autora de *Parque Industrial* a opção foi consciente, fruto de uma escolha, uma decisão e uma concepção nada ingênuas da natureza da arte e do papel do artista nas sociedades humanas de seu tempo, ou, mais precisamente, nas sociedades periféricas do capitalismo até a primeira metade do século XX.

---

10. E aqui entenda-se "mercado de arte" não somente no contexto em que a obra tem comprador e proporciona dinheiro e bem-estar material ao escritor, já que sabemos bem que a profissionalização e a simples manutenção do próprio sustento, somente por meio da atividade literária, sempre representou uma enorme dificuldade para escritores. Mas, no aspecto a que me refiro, o "mercado de arte" tem no elogio da crítica, que confere prestígio intelectual, a moeda de maior circulação.

Patrícia valorizava, acima de tudo, a pesquisa, a experimentação e a interferência do processo artístico na realidade, mesmo que isso no momento da publicação representasse uma ausência de leitores e incompreensão dos críticos. Por isso, para ela,

> O escritor da aventura não teme a aprovação ou a reprovação dos leitores. É-lhe indiferente que haja ou não da parte dos críticos uma compreensão suficiente. O que lhe importa é abrir novos caminhos à arte, é enriquecer a literatura com gérmens [...] que venham talvez a fecundar a literatura dos próximos anos[11].

É preciso ter em mente que as contradições inerentes ao romance *Parque Industrial*, envolvendo sua concepção e seus ideais, fazem parte das contradições do momento histórico em que a escritora viveu e do contexto literário no qual atuou. Em seu modo de ver a arte e a tarefa revolucionária do artista, Pagu não esteve só. Sua experiência de "arte proletária", assim como a compreensão da arte como "sementeira da revolução"[12] dão a ver um discurso plenamente em sintonia com alguns dos mais importantes estímulos, indagações e conflitos de intelectuais e artistas de sua época.

A primeira parte deste livro examina os aspectos mais singulares e complexos do projeto romanesco de Patrícia em *Parque Industrial*, no que diz respeito ao duplo compromisso desta escrita com o engajamento político e a experimentação literária. Procura enxergar a obra a partir das grandes questões estéticas que ela coloca em pauta e do contato com as complica-

---

11. O trecho citado é de um artigo escrito em 1957, isto é, 24 anos depois de Pagu ter publicado *Parque Industrial*. O artigo intitula-se "Sobre a Didática Elementar: Modernos e Contemporâneos", publicado no Suplemento de *A Tribuna* (22), 25 ago. 1957.

12. "A Sementeira da Revolução" é o título de um artigo de Patrícia Galvão, de 1945, que saiu na coluna de crônica literária do jornal *Vanguarda Socialista*, Ano I, n. 6, de 5 de outubro de 1945. Nesse texto, ela defende uma atuação livre do escritor, mas sempre revolucionária, destinada a abrir caminhos para a arte futura. Em suas palavras: "O pensamento livre do escritor trabalha [...] alimentando a sementeira, prodigalizando com a eloqüência e a grandeza de suas insinuações vitalizadoras, elementos novos, forças fertilizantes das sementes perdidas, arrastadas pelas voragens das guerras, dos conflitos, da covardia e do temor, da opressão e do ódio... Os escritores revolucionários do passado e do presente não trabalham pelo imediatismo dos resultados efêmeros e passageiros. Eles estão muito adiante do esforço trivial, suas necessidades são muito profundas e suas sondagens estão esburacando os horizontes que cercam a visão dos contemporâneos".

ções urdidas em sua própria proposição. Elabora e demonstra hipóteses possíveis sobre os pressupostos teóricos com os quais a escrita de Pagu teria dialogado, denotando também as relações de proximidade entre o romance e outras realizações artísticas.

Em vista da classificação de romance proletário, trazida no próprio subtítulo de *Parque Industrial*, a intenção é verificar as relações que podem ser estabelecidas entre o texto de Pagu e as categorias criadas em torno do que se chamou "arte engajada" e "arte proletária", debruçando-se sobre os problemas em relação ao gênero de um projeto romanesco como esse, cujo caráter de experimentação inspira-se na idéia de autonomia da esfera estética.

O modo de narrar da obra, radicalmente aderido à classe proletária, agressivo e marcado pela visão trágica da realidade injusta da sociedade capitalista, associa-se à pesquisa e ao experimento na linguagem. Isso nos levou a buscar as evidências sobre o pressuposto que delineia o perfil de sua realização. Procuramos, portanto, destacar as principais referências relacionadas à forma literária que temos diante de nós: um realismo revolucionário não-edificante, sob a forma de romance experimental que, mais do que apoiar e tomar partido, assume a voz de um grupo social oprimido – mulheres operárias.

Verifica-se que essa experiência narrativa, ao denunciar a situação de extrema miséria material e moral da classe proletária brasileira na década de 30, o faz com base em dados concretos, provenientes da realidade. As condições de vida do proletariado – moradia, alimentação, hábitos, lazer etc. – representadas em *Parque Industrial* podem ser confirmadas por estatísticas e estudos sobre a vida proletária do período. Vale a pena citar algumas passagens do estudo de Maria Auxiliadora Decca[13] sobre o operariado de São Paulo, entre os anos 20 e 30, para traçarmos um paralelo com o romance de Pagu:

> Por volta de 1890, já se encontrava na capital uma divisão que será acentuada e definida nas duas primeiras décadas do século XX: na sua parte alta, no maciço, os

---

13. M. A. Decca, *A Vida Fora das Fábricas: Cotidiano Operário em São Paulo, 1920-1934.*

bairros ricos, e na parte baixa, na várzea, bairros operários, pobres e insalubres (pp.17-18).

Esse bairros eram, em geral, bairros mistos, de residências operárias e indústrias. [...] A escolha de locais para o estabelecimento das indústrias e fábricas obedecia a certas variantes ou "lógica": locais onde o preço do terreno era mais baixo, próximos de estradas de ferro para embarque e desembarque (caso do Brás, notadamente o maior, mais antigo e importante bairro operário da capital) [...] Por outro lado, o baixo preço dos terrenos da várzea fazia o loteamento e a construção de residências humildes nestes locais um negócio altamente lucrativo, fixando-se neles o operariado. Os industriais ou buscaram situar os operários próximos às indústrias ou, inversamente, colocaram as indústrias em locais densamente habitados pela população mais pobre [...] (p. 18).

A cidade de São Paulo apresentava, ao longo dos anos 20 e 30, uma divisão social marcante. [...] Os bairros operários e pobres apresentavam aspecto semelhante: ruas inteiras de casas feitas em série, habitações coletivas, pequenas oficinas, pequenas ou grandes fábricas, pequeno comércio, sistema deficiente de água e esgoto, etc. (p. 20).

Congregado nesses bairros, o operariado industrial e urbano enfrentava problemas e situações cotidianas semelhantes. Vida promíscua e perniciosa, no entender de alguns. Vida difícil, de qualquer maneira (p. 20).

A situação da mulher operária e do menor de ambos os sexos era nitidamente pior que a do operário do sexo masculino em termos salariais e de condições de trabalho (p. 24).

A maioria dos trabalhadores industriais e urbanos na cidade de São Paulo morava mal, alimentava-se deficientemente e se vestia precariamente até meados da década de 20 (p. 26).

Eram altos os índices de febre tifóide, disenteria, sarampo, lepra, meningite, tuberculose. Mais que os outros na capital, os bairros operários e pobres sofriam com a falta de saneamento. [...] Mesmo até 1933-1934, o Brás e o Alto da Moóca, Belenzinho, Ipiranga, bairros mais antigos e populosos, não haviam recebido infra-estrutura urbana, condizente com seu crescimento (p. 39).

Ao mesmo tempo em que o foco narrativo de *Parque Industrial* apresenta as difíceis condições de vida do proletariado no Brasil na década de 30, faz uma denúncia e coloca-se em posição de ataque aos ricos – classe burguesa e aristocracia do café – instrumentalizando, para esse fim, sofisticados expedientes estéticos, nascidos no seio desse mesmo grupo privilegiado a ser combatido, ou seja, recursos provenientes do legado modernista.

Para localizar a iniciativa literária de Patrícia Galvão, colocamos em pauta, neste estudo, as discussões e os diferentes enfoques em torno de questões como: o papel da arte e do artista nas sociedades; as implicações estéticas da opção do artista pelo compromisso político e social; os diferentes níveis desse comprometimento; a interferência do engajamento na liberdade de expressão do artista; o modelo imposto pelo realismo socialista; e a possibilidade ou não de existência de uma arte puramente proletária.

Procuramos avizinhar a experiência de literatura proletária de *Parque Industrial* de algumas idéias de importantes teóricos e da prática de artistas envolvidos com as concepções marxistas de arte e realidade. Apresentamos, sinteticamente, entre outras, as visões de Brecht, Trótski, Lukács, Adorno, Victor Serge, Mário Pedrosa; as experiências das vanguardas artísticas, dos cineastas russos ligados ao *Proletkult* e do Movimento Modernista no Brasil.

Pagu: Literatura e Revolução dedica-se, sobretudo, ao estudo dos modos de elaboração literária de *Parque Industrial*, a partir da observação de como se comportam os elementos de construção – e desconstrução – de sua realização romanesca, e de que maneira o cunho experimental da obra ajusta ou não seu realismo pictórico, fotográfico e fragmentário à têmpera do romance.

Acompanha o desenvolvimento narrativo de *Parque Industrial*, para revelar os fatores mais significativos de sua elaboração e de seus maiores conflitos. Nesse sentido, observa os esgarçamentos das múltiplas tramas e os entrelaçamentos de enredos principais e secundários, de dramas coletivos e pessoais; levando em conta as implicações da fundamentação essencialmente operária e feminina de enfoque.

Coloca em relevo enredos, personagens, tempo e espaço, com o objetivo de desvendar como tais elementos se submetem ao trabalho tão particular da linguagem poética dessa escrita que busca a diluição narrativa, no lugar do sentido de organização e do bom senso. Observa nesse esforço de desorganização o desejo de aproximação da noção de narrativa à expressão da vida, do verbo e dinâmica do dia-a-dia, das ruas, das praças, do jornal, identificado à estética da fotografia, da pintura, do mural e, sobretudo, do cinema.

Procura demonstrar que *Parque Industrial* é um texto que toma como premissa parâmetros da tradição realista do romance, para sugerir um espaço narrativo do inorgânico e do inacabado. E isso sem impedir a realização de um trabalho refinado de elaboração, que se move de fora para dentro, do geral para o particular, espiralando, afundando a narrativa e fazendo-a chegar, vinda das bordas, a um lugar que é central e irremediavelmente sem saída.

Veremos, então, como, a partir de um afunilamento, de um adensamento das complicações narrativas, de uma tragicidade cada vez maior nos enredos, a objetividade do foco narrativo (que aparece sob a forma do panfleto, do otimismo, das certezas, das afirmações) vai acabar dividindo espaço com uma expressão literária cada vez mais subjetiva, que atingirá o centro da humanidade, na dor, na dúvida, no desencanto. Desencanto presente desde as primeiras linhas do romance, mas que terá sua tonalidade agigantada ao longo do texto, assumindo imagens e atmosfera essencialmente expressionistas. Como no caso específico de uma das tramas centrais, a de Corina, cuja última cena, significativamente, termina o romance.

Procuraremos concluir nossos esforços de sondagem dos problemas inerentes ao romance *Parque Industrial* com uma reflexão sobre a relevância de colocarmos em questão nos dias de hoje os temas inseridos por esta experiência romanesca de Pagu. Qual seria a atualidade do romance? Haveria alguma relação possível entre ele e o que Patrícia Galvão chamou "a literatura dos próximos anos?"

Sabemos de antemão que o ponto de chegada das reflexões deste livro, espelhando-se de certo modo no objeto de sua investigação, não chegará a apresentar um "resultado", nos termos que estamos acostumados a pensar. Pois nosso estudo insere-se, também ele, desde sua primeira linha, ou, melhor, desde as primeiras tentativas de pensar a obra de Pagu, no campo da dificuldade e no terreno da impossibilidade (o que, pessoalmente, foi mais penoso).

No entanto, conviver com o risco e com o drama de não conseguir explicar aquilo que talvez tenha sido construído para desarmar a compreensão é uma lição poderosa, sobretudo para quem se inicia na crítica literária, pois pulveriza de pronto os pedestais ilusórios de algum entendimento acabado ou da possibilidade de uma sabedoria que, por um instante sequer, possa se fechar à dúvida, à sua própria negação ou superação.

Essa foi a difícil lição do romance complicado e extraordinário que li. Fiquei maravilhada com ele por seu efeito de arrebatamento. Minha compreensão emocional tocou sua beleza como uma vitalidade trágica.

De início, quis defendê-lo do que ele é indefensável, pois sua natureza de ataque e inquietação pede para si a reação ofensiva: chama para briga. E talvez viva melhor do insulto do que do agrado.

Seu "fracasso" ou sua "derrota", como prefiro chamar, parece ser resultado de um projeto de obra fracassada. Projeto que constrói o texto mas que o atinge fatalmente. E não se pode proteger, é claro, o que não foi feito para ser protegido. É preciso, ao contrário, colocá-lo à vista.

Penso ter sido o silêncio da recepção o pior inimigo dessa escrita apaixonada. Ainda assim, pode ser que ele mesmo tenha sido previsto e ocupe o seu lugar no jogo armado por Pagu.

Cheguei angustiada ao tema do fracasso de *Parque Industrial*, embora consiga vê-lo agora como uma das grandezas da escritora. Pisei em ovos ao estudar o romance, afinal as questões em pauta eram extremamente complexas. Talvez por isso não tenha conseguido quebrar as cascas dos ovos e ficar à altura da coragem da jovem escritora que o criou e – nos termos de Breton – do "perigo de vida do grande acontecimento". Paciência... Fiz o melhor que pude.

Assim, este livro deve ser encarado como uma contribuição mínima ao trabalho que deverá continuar, em direção à reconstituição dessa grande personalidade literária e de sua obra.

Patrícia Galvão, pode-se dizer, é um capítulo quase intocado da literatura brasileira, nele quase tudo ainda está por fazer, esperando pelos "críticos da aventura".

II Parque Industrial:
Engajamento e Experimentação

> *Só a palavra liberdade ainda consegue me entusiasmar. Julgo conveniente manter em pé ainda por tempo indeterminado o velho fanatismo humano.*
>
> ANDRÉ BRETON

> *Mas o que você quer que eu faça? Que ponha metralhadoras nas mãos dos atores e saiamos por aí disparando?*
>
> GABRIEL VILELA*

> *Acho que você só vai ficar contente quando colocar uma dinamite no palco, reunir toda a burguesia paulista na platéia e no final da peça mandar tudo para os ares.*
>
> FREI BETTO PARA JOSÉ CELSO MARTINEZ

> *Nenhum elemento social na arte é assim imediato, mesmo quando o ambiciona.*
>
> THEODOR ADORNO

* As falas de Gabriel Vilela e Frei Betto são tiradas do livro de Paulo César Carneiro Lopes, *Utopia Cristã no Sertão Mineiro: Uma Leitura de "A Hora e a Vez de Augusto Matraga"*. Logo no começo do texto, numa longa nota de rodapé, em que expõe a gênese do conceito de arte que irá desenvolver, Paulo César relata um episódio, no qual, depois de assistir a uma peça de teatro dirigida por Gabriel Vilela, incomodou-se ao verificar que as pessoas que a aplaudiam de pé, emocionadas, não mudariam nada em suas vidas em função da peça a que tinham acabado de assistir. Pôs-se então a refletir sobre o real sentido da arte. Procurou o diretor da peça para conversar, e o texto citado é parte dessa conversa. Tempo depois, falando sobre o mesmo assunto com Frei Betto, este lhe contou sobre suas diferenças com José Celso Martinez, com quem trabalhara como diretor-assistente, e a maneira como a teria expressado em certo momento.

Antítese, objetivo comum e tensão

Num ensaio sobre a peça de Bertolt Brecht, *Santa Joana dos Matadouros*[1], Roberto Schwarz relaciona o experimentalismo estético e a revolução russa, afirmando que ambos são pertencentes "a um mesmo momento, de crise da ordem burguesa". E reflete sobre o fato curioso de não ter havido uma maior associação entre vanguardismo e socialismo, mediante o que os dois tiveram em comum, já que "viam como caducas as formas do mundo burguês e quiseram apressar seu fim". O ensaio de Schwarz estranha que no interior da esquerda "tenha havido tanta hostilidade ao espírito experimental, a ponto de se formar um desencontro histórico". O texto chega a Brecht, como uma figura que sobressai nesse contexto, um autor "cuja inventiva artística – fenomenal, e sempre acintosa – se alimentava metodicamente do estudo e da experiência da luta de classes". E a associação entre experimentação artística e a reflexão política, segundo Schwarz, esteve no "verdadeiramente novo e decisivo" trabalho da maturidade de Brecht e foi a responsável pelo prestígio mundial do dramaturgo.

1. R. Schwarz, "A Santa Joana dos Matadouros", *Que Horas São?*, pp. 87-115.

O texto de Schwarz traz à luz o que Brecht de fato conseguiu marcar grandiosamente em sua obra: um lugar de comprometimento e liberdade, a sugerir uma relação inevitável entre o caráter revolucionário da arte engajada e o caráter experimental da arte de vanguarda. E o trabalho de Brecht em sua obra foi de complicação. Ao associar a experimentação artística e a reflexão política, não quis fazê-lo como simples combinação: longe de ser harmonizador, o efeito de evidenciação do trabalho metódico formal a serviço da problematização da luta de classes potencializou tensões e dissonâncias, mesmo aquelas que estavam no interior da relação de associação sugerida, e ainda que as partes associadas (e em tensão) comungassem um objetivo comum: o ataque ao mundo burguês.

Experimentação

Logo nas primeiras linhas de sua *Teoria Estética*, para pensar a arte nos dias de hoje[2], tempo em que "tudo o que diz respeito à arte deixou de ser evidente", Theodor Adorno faz-nos deparar com o problema colocado pelos "movimentos artísticos revolucionários" que, cerca de 1910, se arrojaram à "extensão imensa do que nunca foi pressentido", espaço que em verdade não chegou a proporcionar a "felicidade prometida pela aventura"[3].

Sabe-se que esta busca da "extensão imensa do que nunca foi pressentido" teve para os movimentos das vanguardas artísticas o sentido de reivindicação de liberdade em direção a uma noção de autonomia da arte. No entanto, essa autonomia, sem levar a arte a um lugar de plenitude ou felicidade, aponta para uma antítese, detendo em seu cerne uma luta interna, proveniente do duplo e sincrônico movimento de atração da vanguarda pelo "obscuro" e pelo "científico", em outras palavras, pelo "arbitrário" e pelo "experimento".

---

2. A edição portuguesa usada neste trabalho da *Teoria Estética* de Adorno foi traduzida a partir da segunda edição do texto em alemão, organizada por Gretel Adorno e Rolf Tiedermann. Segundo o tradutor Artur Morão, "reúne partes mais antigas e outras mais recentes [da produção de Adorno], visto que o seu ensino se estendeu ao longo dos anos cinqüenta e sessenta" (T. Adorno, *Teoria Estética*, p. 9).

3. T. Adorno, *op. cit.*, p. 11.

Enquanto conceito estético, tomado da ciência, o "experimento" ocuparia um espaço "científico" das vanguardas. Pelo experimento, seria ensaiada a "fórmula" artística de "destruição" da arte e das instituições artísticas (burguesas, por princípio e tradição). Evidentemente, faz-se necessária a relativização dessa apropriação científica pela arte e os termos em que ela se dá, mas não se pode deixar de negar, em essência, as bases de sua proposição[4].

Engajamento

"Écrivain engagé": a expressão é freqüentemente atribuída a Sartre, que a teria cunhado em meados da década de 40. Sabe-se, no entanto, que no início da década de 30 já se fala em "engagement" de escritores[5]. Além disso, a discussão sobre a noção do compromisso político e social da arte vem de muito antes, só que são muitas as formas de ver a idéia de "engajamento" e de se lidar com ela.

O engajamento pode ter em vista o estatuto realista de representação ou, ao contrário, um compromisso de aniquilamento de qualquer estatuto e instituição artística (nos termos em que as vanguardas se posicionaram). Pode compreender um empenho em direção a uma ruptura com os interesses e "contingências mesquinhas ou trágicas do egoísmo de classe"[6], como um interesse humanista "forçosamente favorável às classes oprimidas"[7]. Mas pode ser também problematizado, dentre outros motivos, pelo

---

4. Enzensberger, por exemplo, expõe as condições de experimento na ciência, para questionar o caráter científico do experimento das artes ditas de vanguarda: "O processo que se deseja esclarecer precisa ser isolado. Um experimento só faz sentido quando as variáveis que surgem são conhecidas e podem ser delimitadas. Outra condição: cada experimento precisa ser comprovável e na sua repetição levar sempre a um só e distinto resultado. Isto é, um experimento só pode ter sucesso ou fracassar tendo em vista um objetivo bem definido antecipadamente. Pressupõe reflexão e experiência anterior. Não pode ser de modo algum um fim em si mesmo: seu valor inerente é zero. Tenhamos em mente que um experimento verdadeiro nada tem a ver com audácia. É um procedimento muito simples e indispensável para a pesquisa de regularidades. Exige especialmente paciência, prudência e trabalho. Quadros, poemas, apresentações, não cumprem essas condições. O experimento é um processo para produzir conhecimentos científicos, não para a produção de arte" (H. M. Enzensberger, "As Aporias das Vanguardas", no livro de W. Bader, *Com Raiva e Paciência*, pp. 69-70).

5. Herbert Lottman, *A Rive Gauche: Escritores, Artistas e Políticos em Paris*, pp. 82-83.

6. Mário Pedrosa, "As Tendências Sociais da Arte", texto reproduzido no livro organizado por Otília Arantes, *Política das Artes*, p. 35.

7. Victor Serge, *Littérature et Révolution*, p. 83.

que a arte engajada apresenta de exterioridade em seu comportamento combativo e pelo "aviso prévio" de seu posicionamento "em favor do mundo"[8].

A tensão viva entre engajamento e experimentação: eis o primeiro espaço de complicação e evidência do caráter do que queremos começar a chamar aqui de "estado de suspensão" do romance *Parque Industrial*.

Romance de contramão

Dedicado ao tema da vida operária, sobretudo à representação da vida de mulheres trabalhadoras, e ambientado no parque industrial da cidade de São Paulo da década de 30, o romance de Patrícia Galvão – editado em 1933, sob o pseudônimo de Mara Lobo, por exigência do PCB, ao qual a autora era filiada na época – procura apresentar aspectos internos do ambiente desse grupo social, expondo cruamente as condições de extrema miséria, abandono e exploração em seu cotidiano. Ao debruçar-se sobre a temática da vida proletária, o foco narrativo assume o ponto de vista de defesa da classe oprimida e de ataque à classe burguesa opressora. Distinguindo claramente os pólos em oposição e luta, toma para si a tarefa de apresentar o cenário de opressão e miséria, delatar a injustiça da situação, apontar seus responsáveis e chamar a atenção para a necessidade de organização para uma revolução proletária.

Parque Industrial é um texto profundamente poético, apesar de extremamente agressivo e ostensivamente combativo. Nele, o compromisso com a realidade e com a atitude política revolucionária constrói uma sólida premissa de engajamento que subordina a matéria literária. A escrita do *Parque Industrial* de Pagu, ao desenhar uma atitude narrativa – e, em essência,

---

8. Em seu famoso ensaio "Engagement" (em *Notas de Literatura* 3), Theodor Adorno, trata a questão do engajamento da seguinte maneira: 1. expõe o caráter ambíguo de duas posições artísticas que se contrapõem (arte engajada e arte pela arte): "Cada uma das duas alternativas nega, ao negar a outra, também a si própria: a arte engajada porque, como arte necessariamente distinta da realidade abole essa distinção; a arte pela arte porque, pela sua absolutização, nega também aquele relacionamento irrecorrível para com a realidade [...]" (p. 52) e 2. problematiza a eficácia do engajamento oficial, comparando-o à literatura de Kafka e às peças de Beckett, obras que, segundo ele, "provocam uma reação frente à qual as obras oficialmente engajadas desbancam-se como brinquedos. [...] Como desmontagem da aparência, fazem explodir a arte por dentro, que o *engagement* proclamado submete por fora, e por isso só aparentemente" (p. 67).

autoral – de aproximação, identificação e defesa da classe proletária, marca também uma posição fortemente estética, na medida em que é notório seu investimento num trabalho de elaboração narrativa não acomodado, experimental e, pode-se dizer, também revolucionário, já que visa a ruptura com o que está estabelecido como norma por uma classe social, para promover uma transformação objetiva dos modos de narrar.

Como já vimos, a radicalidade de intenções de luta no âmbito do real e da arte, de *Parque Industrial*, causa constrangimento e descompasso em relação a público e crítica. Há, portanto, um movimento de contramão explícito e certamente intencional do romance. Esse movimento, ao mesmo tempo em que o distanciou de tendências artísticas que pregavam a autonomia absoluta da arte e negavam a possibilidade de se fazer arte "engajada" de qualidade, impossibilitou seu enquadramento nas concepções estéticas do partido comunista, ainda não plenamente estabelecidas à época, mas muito próximas disso, já que em 1934 o PC stalinizado iria cunhar sua cartilha zhdanovista, estabelecendo as bases de uma literatura normativa, que seria intitulada de "realismo socialista".

Mas a contramão do romance de Patrícia Galvão foi, de certo modo, o resultado de um espírito de independência e de insubordinação, que fez dessa ficção – mesmo que assumindo em profundidade posições políticas ligadas ao partido comunista e estéticas – um trabalho que não se prendeu rigorosamente a nenhum modelo preestabelecido. Pode-se concluir que corajosamente a obra se assume como diferença e solidão, não cedendo lugar a modelos, regulações ou limites na reorganização e instrumentalização literária de temas, discussões, tendências e experiências da história de seu tempo.

Jornal do dia: a obra atenta

Parque Industrial é um texto de sua hora. Como um jornal do dia, traz um diálogo vivo e simultâneo com os fatos, com as inquietações do pensamento, da crítica, da arte e da cultura do momento histórico em que foi escrito. Em seu projeto, estruturação e desenvolvimento, vê-se o acercamento das idéias de Marx e de teóricos de arte marxistas; das experiências inovadoras dos cineastas russos; dos movimentos das vanguardas artísticas; das opções dos modernistas brasileiros; enfim, o livro coloca em pauta um grande painel de síntese, expressão e reflexão, nos campos da vida e da arte das décadas de 20 e 30.

A elaboração e publicação – independente e, portanto, à margem do mercado editorial – de um "romance proletário", no início dos anos 30, no Brasil, nos moldes em que a autora realizou o seu, representaram de fato uma resposta imediata e sem hesitações ao contexto histórico e artístico de uma época de grandes eventos e turbulências. As contradições, conflitos, propostas e experimentos que perpassavam o debate sobre o destino da cultura e da arte da humanidade são os ingredientes da aventura literária de Pagu em seu romance de estréia.

Procurando estar atenta a tudo o que se passava no resto do mundo, a iniciativa de *Parque Industrial* sugere também que a escritora, no cenário de nossa literatura, tenha sido especialmente sensível ao surgimento das massas populares na vida brasileira e à necessidade de dar uma voz a elas. *Parque Industrial* é uma experiência textual que procura trazer ao romance a fala e o modo de vida da mulher proletária no Brasil. Evidentemente, será interessante refletir em outro momento sobre a delicada questão que envolve o fato de Patrícia Galvão, na narração do romance, negando sua classe social de origem, ter assumido a identidade e o discurso da classe proletária. Mas o importante, por enquanto, é evidenciar a pertinência dessa percepção literária que se destacou entre outras, ao procurar romper com a asserção de que os grupos privilegiados, as elites sociais eram os "tutores esclarecidos" das massas e, portanto, os verdadeiros representantes do povo brasileiro[9]. Para a autora de *Parque Industrial* não teria sido suficiente

---

9. Em ensaio sobre o livro *Raízes do Brasil*, de Sérgio Buarque de Hollanda, publicado em 1936, Antonio Candido chama a atenção para um aspecto significativo do último capítulo da obra: "a entrada das massas populares na vida nacional em concorrência com elites que Sérgio considerava gastas [...]. Ao fazer isto ele quebrava a tradição 'ilustrada', que atribuía às elites o papel permanente de tutor esclarecido do povo. No ensaio 'As Instituições Políticas e o Meio Social no Brasil', publicado no volume coletivo *À Margem da História da República* (1924), Gilberto Amado exprime de maneira paradigmática a natureza dessa tradição, ao dizer que no Brasil tudo depende das elites, porque aqui não há povo, e o que se designa por esta palavra são na verdade os grupos privilegiados, fortemente minoritários, que têm alguma consciência dos problemas e atuam na política. Necessário, portanto, era educar as elites. Essa visão liberal se completa sem dúvida pela preocupação com a totalidade do povo, vendo-o como massa a ser encaminhada e dirigida. Visão,

apenas *falar de* mulheres proletárias oprimidas e exploradas, assumindo um ponto de vista distanciado de uma escritora burguesa diante do sofrimento da trabalhadora. Talvez fosse até inconcebível para Pagu negar a fala a esse seu "outro" e demonstrar por ele somente compaixão e solidariedade. Impossível para ela colocar-se do lado oposto, do lado do oponente, do lado da classe superior e opressora. Para Patrícia, essa seria uma grande traição, uma impostura muito maior do que aquela que poderia vir a resultar de um discurso proletário vindo de sua própria voz. Até que ponto, literariamente, essa apropriação de perspectiva e sentimento proletários seria viável? Essa é uma discussão bem complicada, que criou muita polêmica e ocupou amplo espaço de questionamentos no cenário da teoria literária do século XX. Como os levantados por Adorno em relação ao teatro engajado de Brecht e ao estatuto realista da arte enunciado por Lukács. A esse tema voltaremos adiante.

Reportagem, libelo e romance-experimento

A construção "problemática" de *Parque Industrial* como romance proletário é, em verdade, uma tentativa, um ensaio, um experimento para chegar ao que seria essa nova forma de literatura. E a autora usou como suporte formal o romance, gênero inevitavelmente comprometido com a ideologia, os problemas e a história do homem burguês; gênero que, mesmo em seu grau máximo de autocrítica, se fundou sempre na consciência de um humanismo burguês.

Podem-se destacar três bases de fundamentação nessa tentativa do romance de Pagu: percepção da realidade, posicionamento político e experimentação estética. Nesse sentido é que *Parque Industrial* se configura ao mesmo tempo como reportagem, panfleto e experimento literário. E uma leitura crítica da obra que tente privilegiar um dos aspectos mencionados, isolando-o dos outros dois, irá esvaziá-lo em seu sentido e concepção. Em *Parque Industrial*, parecem ser inseparáveis os fatores que formam este tripé

---

portanto, que correspondia a uma forma especial de despotismo esclarecido, que era no fundo a ideologia de nossas elites [...]" ("A Visão Política de Sérgio Buarque de Holanda", *Folha de S. Paulo*, Caderno Mais, 25 jan. 1998).

de sustentação: 1) atenção para a introdução do trabalho industrial na vida brasileira; 2) consciência política e posição de luta contra a exploração da classe proletária, no contexto brasileiro, isto é, de um capitalismo ainda em formação, e 3) ensaio de construção de um objeto literário, de um romance que pudesse dar conta das contradições de nossa realidade social e política, sob o ponto de vista das classes trabalhadoras; romance que se configurasse ele mesmo como emblema das contradições de forma, internas a um gênero literário ainda incapaz de representar o humanismo proletário.

E nessa base de sustentação, como já afirmamos anteriormente, houve um diálogo profundo com o contexto histórico no qual foi elaborado e um agudo senso de ocasião por parte da escritora.

Patrícia Galvão terminou de escrever *Parque Industrial* no final do ano de 1932, publicando-o em 1933. A edição original foi quase artesanal e custeada por recursos próprios[10].

O simples contato com a primeira edição ou sua fac-similar – já que a reedição de 1994 não segue os parâmetros tipográficos da primeira – pode sugerir as intenções de uma publicação tão preocupada com os aspectos gráficos, no que diz respeito a sua simplificação para uma legibilidade maior. Acompanhando as feições simples do texto, em narração direta ou curtos diálogos, também as letras e sinais gráficos são generosamente identificáveis, quase como os que vemos em livros infantis. Sem falar no largo espaçamento entre as linhas do texto.

Não há ilustrações, mas as palavras parecem saltar, colocadas ao lado das inúmeras exclamações ou interrogações que permeiam as falas das personagens, expressas primordialmente em cenas coletivas e espaços abertos: ruas, praças e fábricas.

Em *Parque Industrial*, tudo leva a crer que sua elaboração tenha obedecido ao propósito de facilitar a visualização para, possivelmente, torná-lo acessível a um público que teria pouca familiaridade com a leitura de romances. Mas a simplificação e a visualidade, menos que um barateamento ou um rebaixamento formal do texto, inserem nele uma forte noção da poética da modernidade, vinculada ao diálogo difícil com o progresso, seus

---

10. Augusto de Campos afirma que *"Parque Industrial* foi editado a expensas de Oswald, segundo testemunho de Oswald de Andrade Filho [...]" (Augusto de Campos, *op. cit.*, p. 102).

novos cenários urbanos e sua comunicabilidade visual aflita. Diálogo ao qual as vanguardas artísticas já haviam se lançado, assim como nossos modernistas e o cinema russo nascente.

Ainda que na década de 30 os trabalhadores industriais brasileiros não estivessem muito próximos da cultura dos livros, é certo que a arte e a narração de histórias – que no texto de Pagu encosta na narrativa oral – têm sempre um grande poder de atração e comunicação popular: eis, talvez, um dos motivos para a escolha da forma de "romance" neste caso. O "crítico independente" João Ribeiro, em texto elogioso a *Parque Industrial*, parece acertar quando diz: "É, pois, um libelo, sob a forma de romance, que é sempre mais adaptável à leitura e compreensão popular"[11]. A linguagem do romance é, pois, muito simples, mesmo que rica em forte motivação poética, intensamente regada pelos efeitos das figuras nas construções narrativas inusitadas, como veremos mais tarde. As orações estão quase sempre na ordem direta do discurso, na voz ativa e no tempo verbal do presente do indicativo, fazendo o uso freqüente do discurso direto e das frases nominais. Também a temática, a ambientação e os personagens pertencem ao mundo simples, do dia-a-dia proletário de 30, ocupando o espaço entre a fábrica e as casas do Brás.

É bem provável, portanto, que estivesse no horizonte da autora a criação experimental de um romance voltado ao interesse também de um público formado por operários. Além dos elementos já apontados, pode-se constatar tal objetivo, pelo cunho didático da obra, em muitas de suas passagens dirigidas à constante busca de conscientização política. E o uso de expedientes expressivos dos modernistas brasileiros – que entre outros objetivos procuravam aproximar a língua literária da falada – facilitaria

---

11. "Crítico independente" é uma expressão usada por Alfredo Bosi, em seu livro *História Concisa da Literatura Brasileira*, para qualificar João Ribeiro, em verbete a ele dedicado (pp. 355-357). Um trecho do texto refere-se ao crítico sergipano da seguinte maneira: "Pela independência e, até mesmo, irreverência dos seus juízos, João Ribeiro já foi considerado, e com razão, o profeta do nosso Modernismo. Fazendo *tabula rasa* das poéticas vigentes no primeiro vintênio do século, contribuiu para o descrédito dos medalhões". Penso que talvez só a independência do crítico notável que foi João Ribeiro explique a recepção entusiasmada que ele teve de *Parque Industrial*, e que ele expressou em crítica publicada em 26 de janeiro de 1933 no *Jornal do Brasil*, reproduzida no livro de Augusto de Campos, *Pagu: Vida-Obra*, pp. 282-283. Para João Ribeiro, o livro de Pagu teria inúmeros leitores, graças à "beleza dos seus quadros vivos de dissolução e de morte".

ainda mais o intento de fazer das massas trabalhadoras os leitores de um romance proletário, dedicado à sua representação e defesa.

Convém notar, por outro lado, que *Parque Industrial* não foi criado, obviamente, tendo em vista somente o leitor proletário. Sua proposição e feitura tinham também forte significado autoral: de marcar posição, manifestando uma atitude literária de exposição corajosa e mesmo radical, em meio a nossos artistas, escritores e intelectuais. Parece querer chamar a atenção para a importância de não mais se ignorar a presença – nos bastidores da modernização dos centros urbanos no Brasil – dos trabalhadores industriais e de suas vidas, que aconteciam sob condições terríveis de miséria e humilhação.

Assim é que Pagu não pensou duas vezes para assumir uma voz que ainda não se manifestara literariamente – nos termos em que ela manifestou – no cenário de nossa literatura; uma voz consciente e indignada, provinda do mundo das letras e das artes, colocando esse mundo a serviço da causa revolucionária. Pode-se ver em seu romance um chamado à consciência política, mas também artística, em caráter de urgência, que, nesse sentido, estava endereçado aos homens das artes, conclamando-os talvez a cumprirem nesse momento, como ela fez, o papel de verdadeiros "companheiros de viagem"[12].

Se tal hipótese estiver correta, a elaboração do primeiro romance da escritora tinha pela frente pelo menos duas tarefas muito difíceis: ao colocar em cena literariamente a classe proletária, o texto deveria chegar ao proletário, mas, ao mesmo tempo, o ato de despojamento, ao assumir a fala de outra classe, deveria servir de exemplo a outros escritores.

Particularidades: a realidade brasileira

Se a proposta de *Parque Industrial* era ousada e bastante complicada literariamente, não era, em hipótese alguma, um projeto isolado, de uma escritora jovem e inexperiente, como pode parecer à primeira vista. Ao colo-

---

12. O termo "companheiro de viagem" foi empregado pelo movimento operário russo durante muito tempo para designar intelectuais simpatizantes da causa revolucionária. A expressão, usada com simpatia por Trótski em seu livro *Literatura e Revolução*, escrito entre 1922 e 1923, adquiriu mais tarde sentido pejorativo.

car em pauta o problema da criação de uma literatura proletária, no momento em que essa classe tomava cada vez mais vulto, ocupando um espaço de extrema importância social e econômica, o romance se inseria, na verdade, numa corrente ampla de intelectuais e artistas que se preocupavam com a questão.

No mundo inteiro, os homens da revolução, da cultura e da arte ocupavam-se seriamente com o assunto, indagando-se se para a classe proletária seriam adequados e convenientes os modelos de arte criados pela burguesia. Pagu apenas apressou-se em trazer o problema à realidade brasileira. No entanto, aqui a equação parecia ficar ainda mais intrincada, dadas as condições incipientes de nosso capitalismo e, conseqüentemente, a convivência de difícil acomodação entre "o moderno-de-província, o moderníssimo e o arcaico"[13] – elementos inerentes ao descompasso sociocultural do país, decorrente das particularidades de atraso de nossa economia, frente a países que nos serviam de modelo.

A conformação do processo de modernização das cidades e da industrialização no Brasil apresentava fatores determinantes de um cenário social singular. Nas palavras de Roberto Schwarz: "A nossa realidade sociológica não parava de colocar lado a lado os traços burguês e pré-burguês, em configurações incontáveis [...]"[14].

O foco narrativo de *Parque Industrial* interessa-se fundamentalmente pela vida da classe proletária, que já existia por aqui havia algum tempo, desde fins do século XIX. Classe proveniente de uma industrialização que se desenvolvia vigorosamente nesse começo dos anos 30. O romance elegeu como cenário o Brás, um dos bairros mais representativos da entrada do trabalho industrial no Brasil, tomando como personagens as trabalhadoras da indústria têxtil e de algumas outras atividades que orbitavam em torno dela. Todavia, assumiu um olhar que, ao mesmo tempo que identifica as características particulares desse Brás, valorizando-o como verdadeira "pátria" e "nação" proletária formada no Brasil, o vê como um bairro proletário igual ao de qualquer parte do mundo.

13. No ensaio "A Carroça, o Bonde e o Poeta Modernista", Roberto Schwarz alude à conciliação desses três elementos na poesia de Oswald de Andrade, que seria possibilitada a partir da invenção pelo poeta modernista de um espaço de praça pública, que permitiria acomodá-los (Roberto Schwarz, *Que Horas São?*, p. 25).

14. Em Roberto Schwarz, "A Carroça, o Bonde e o Poeta Modernista", *op. cit.*, p. 13.

Há, em verdade, nesse aspecto do texto de Patrícia Galvão, um embate interno, que acaba se tornando mais um dos impasses com os quais o romance precisou conviver.

A narração quer manter viva a crença de que a revolução proletária está sendo organizada dentro da própria fábrica, nessa terrível "penitenciária social"; uma revolução para a qual a conscientização do operário é promovida pela própria opressão que sofre na carne. Para ilustrar essa crença do narrador e de uma das personagens principais de *Parque Industrial*, lembremos de uma passagem do capítulo "Proletarização", em que Matilde escreve um bilhete para Otávia, contando que se proletarizou porque foi demitida da fábrica injustamente:

> Matilde escrevera a Otávia: "Tenho que te dar uma noticiazinha má. Como você me ensinou, para o materialista tudo está certo. Acabam de me despedir da Fábrica, sem uma explicação sem um motivo. Porque me recusei a ir ao quarto do chefe. Como sinto, companheira, mais do que nunca a luta de classes! Como estou revoltada e feliz por ter consciência! Quando o gerente me pôs na rua senti todo o alcance de minha definitiva proletarização, tantas vezes adiada!
>
> "É uma coisa fatal. É impossível que os proletários não se revoltem. Agora é que eu senti toda a injustiça, toda a iniqüidade, toda a infâmia do regime capitalista. Só tenho uma coisa a fazer: lutar encarniçadamente contra esses patifes da burguesia. Lutar ao lado dos meus camaradas da escravidão [...]"
>
> Otávia sorri [...] Pensa no vasto mundo revoltado pela luta de classes. No setor brasileiro, o combate se aguça, se engrandece.
>
> [...] Os vacilantes e os próprios indiferentes são empurrados para a questão social. Não é permitido a ninguém mais se desinteressar. É a luta de morte entre duas classes irreconciliáveis. A burguesia se estraçalha, se divide, se esfarela, marcha para o abismo e para a morte. O proletário ascende, se afirma, se culturaliza. [...]
>
> A burguesia perdeu o próprio sentido. O proletariado marxista através de todos os perigos achou o seu caminho e nele se fortifica para o assalto final (*Parque Industrial*, pp. 123-124).

Mas o romance de Pagu precisou conviver também com o melancólico e pouco esperançoso estado de incipiência de nossa proletarização. Em meio a uma reflexão sobre as opções narrativas de Graciliano Ramos, o crítico Carlos Nelson Coutinho afirma:

[Na década de 30] O proletariado ainda era, entre nós, uma classe inteiramente desorgânica, impotente e marginalizada; a adesão explícita aos seus pontos de vista – à sua consciência possível – levaria, quase necessariamente, no plano da criação artística, a uma queda na utopia, à negação radical da realidade e, conseqüentemente – como foi o caso dos nossos "realistas socialistas", como o primeiro Jorge Amado – ao romantismo "revolucionário", ao anti-realismo [...][15].

A personagem Otávia, em parte, leva o romance de Pagu ao patamar utópico mencionado por Coutinho (digo "em parte" pelo rumo que a trama de Otávia assumirá no final do romance e pela reação desencantada da personagem ao seu final). Entretanto, ao lado da esperança na revolução, *Parque Industrial* traz à luz também a face inorgânica e marginalizada da classe proletária no Brasil.

O capítulo "Num Setor da Luta de Classes" reúne proletários do Brás numa "sessão de um sindicato regional". Lá estão

[...] todas as cores. Todas as mentalidades. Conscientes. Inconscientes. Vendidos.

Os que procuram na união o único meio de satisfazer as suas reinvidicações imediatas. Os que são atraídos pela burocracia sindical. Os futuros homens da revolução. Revoltados. Anarquistas. Policiais (*Parque Industrial*, pp. 23-24).

O grupo é formado por homens confusos que, desorganizadamente e em atropelos, apenas gritam suas dores:

– Nós não temos tempo de conhecer nossos filhos!

– Nós construímos palácios e moramos pior que os cachorros dos burgueses!

– Minha mãe está morrendo! Ganho cinco mil réis por mês. O senhorio me tirou tudo na saída da oficina. Não tenho dinheiro para remédio. Nem para comer (*Parque Industrial*, pp. 23-26).

E, ao final, o romance acaba por potencializar a visão trágica muito mais do que a utópica. São os excessivos tons expressionistas envolvendo personagens como Corina e Pepe, a desgraça de suas tramas, que, confrontadas com as convicções político-partidárias de Otávia e Rosinha Lituana, particularizam o enfoque da questão, segundo as feições de nosso capitalismo

---

15. Em "Graciliano Ramos", *Literatura e Humanismo*, p. 184.

nascente. Essas especificidades criam a atmosfera desencantada e não-edificante do livro. O capítulo que o conclui, "Reserva Industrial", dialoga com Marx em sua epígrafe, deixando como pano de fundo dessa cena sombria palavras de *O Capital* destinadas ao proletariado miserando: seus vagabundos, criminosos e prostitutas. Os vagabundos de *Parque Industrial* merecem, pois, as últimas atenções do romance: "Os dois agarrados, vítimas da mesma inconsciência, atirados à margem das combinações capitalistas, levam pipocas salgadas para a mesma cama" (*Parque Industrial*, p.145).

O mundo que está em pauta aqui é o do proletário. Outras modulações que não digam respeito diretamente a esse lugar entrarão no romance apenas secundariamente. A pequena burguesia, por exemplo, entre a proletarização e o empenho de ascensão social, é encenada no âmbito das estudantes da Escola Normal, protagonizada pelas personagens Eleonora e Matilde. A narrativa entra no ambiente decadente da "instrução pública", no "reduto pedagógico da pequena burguesia", no "prédio grande, amarelo e sujo. O jardim de formigas do jardineiro José. [...] O secretário anão e poeta. As professoras envelhecendo, secando" [...] (*Parque Industrial*, p. 28). Acompanha a trajetória de Eleonora até os salões do rico, depois que ela se casa com o rico herdeiro Alfredo, e a de Matilde até a proletarização e à conscientização proletária.

A noção de "nação": invertendo o sentido

Apesar de tratar pontualmente de aristocratas decadentes, burgueses espalhafatosos e pequeno-burgueses perdidos entre o desejo de ascenção social e o risco iminente de proletarização, *Parque Industrial* ocupa-se primordialmente do que se relaciona à "nação" proletária.

Na bela primeira cena do romance, um bonde passa diante de um grupo de trabalhadores que lê na parte superior do veículo coletivo: "São Paulo é o maior centro industrial da América do Sul". Uma operária "italianinha" fica indignada e "dá uma banana pro bonde. Defende a pátria. – Mais custa! O maior é o Brás!" (*Parque Industrial*, p. 3). O curioso a observar é que a pátria defendida pela trabalhadora não é São Paulo e muito menos o Brasil.

A personagem proletária defende o "seu" bairro, o Brás, como, ele sim, sendo o maior. É ele a sua pátria, a sua referência afetiva e familiar, onde vive e trabalha o seu grupo social.

Em outro momento do romance, no capítulo intitulado "Brás do Mundo", a imigrante Rosinha Lituana é presa e fica sabendo que será deportada. Vemos abrandar-se o grande desespero da personagem – que deixará o país onde passara toda a vida – quando ela chega a uma amarga conclusão: "pobre não tem pátria". E logo em seguida, ao lembrar-se de que terá de deixar o Brás, "aquilo lhe dói como uma tremenda injustiça". Dessa vez, o que a tranqüiliza é saber que o Brás é igual aos bairros proletários de todo o mundo:

> Que importa! Se em todos os países do mundo capitalista ameaçado, há um Brás...
> Outros ficarão. Outras ficarão.
> Brás do Brasil. Brás de todo o mundo (*Parque Industrial*, p. 111).

As duas passagens apresentam, de um lado, o bairro do Brás com o valor de pátria, que nem a cidade nem o país possuem, e, de outro, completam a identidade do Brás com todos os bairros proletários do resto do mundo. Apesar de aparentemente contraditórias, mostram exatamente a mesma postura do foco de narração de *Parque Industrial*, que privilegia o valor da identidade de classe em prejuízo do valor de uma identidade nacional.

Tal valorização está, claramente, a dialogar com a perspectiva marxista, segundo a qual, como exposto no *Manifesto Comunista*:

> O trabalho industrial moderno, a subjugação do operário ao capital, tanto na Inglaterra como na França, na América como na Alemanha, despoja o proletário de todo o caráter nacional. As leis, a moral, a religião são para ele meros preconceitos burgueses, atrás dos quais se ocultam outros tantos interesses burgueses[16]

ou ainda:

---

16. K. Marx e F. Engels, *Manifesto Comunista*, p. 49.

Os operários não têm pátria. Não se lhes pode tirar aquilo que não possuem. Como, porém, o proletariado tem por objetivo conquistar o poder político e elevar-se a classe dirigente da nação, tornar-se ele próprio nação, ele é, nessa medida, nacional, mas de modo nenhum no sentido burguês da palavra[17].

Assim, em parte, talvez tenha sido também essa a postura autoral de *Parque Industrial*, no que se refere ao seu papel dentro da literatura nacional: um romance "proletário" brasileiro deveria necessariamente colocar em discussão todas as sutilezas do processo de formação capitalista no Brasil? Ou seria mais coerente e conveniente a um texto que estivesse aderido à consciência revolucionária, nos termos em que o romance de Patrícia Galvão estava, apresentar essas sutilezas subordinadas ao que para a autora era o tema necessário? Ou seja, o que devia realmente ser posto em relevo era uma relação de exploração capitalista entre classes, que era, em essência e em seu aspecto mais cruel, a mesma, aqui e no resto do mundo.

O engajamento do romance de Pagu

Provavelmente a radicalidade do enfoque do primeiro romance de Pagu leva-o a ser considerado um texto simplista[18]. Ele é muito direto e agudo na defesa de classe que faz e no ataque à desumanidade do capitalismo. E parece não abraçar todos os problemas e contradições que envolvem o tema em questão, como deveria.

17. K. Marx e F. Engels, *op. cit.*, p. 56.

18. Augusto de Campos, ao comentar as diferenças dos "engajamentos" de Oswald e Pagu, diz: "Mesmo no período inflamado dos anos 30, o alistamento de Oswald não se faz sem contradições e rebeldias. Dessa época é a publicação de *Serafim Ponte Grande* (1933), que ele terminara de redigir em 1928, e bastaria a menção a esse livro incatalogável para situar o *engagement* oswaldiano mais sob a ótica da anarquia do que de uma disciplinada religião de Estado. Mais ortodoxa é, a princípio, a posição de Patrícia – como se vê no seu 'romance proletário', *Parque Industrial*, publicado no mesmo ano do Serafim e influenciado por sua linguagem telegráfica, mas limitado por uma visão simplista dos conflitos sociais –, embora, dentro de pouco tempo, ela já se alinhe na dissidência trotsquista, que cindiria o partido" [grifo meu]. "Notícia Impopular de 'O Homem do Povo'" (texto de introdução de *O Homem do Povo: Coleção Completa e Fac-similar dos Jornais Escritos por Oswald de Andrade e Patrícia Galvão (Pagu)*, São Paulo, Imprensa Oficial do Estado/Arquivo do Estado, 1984).

De fato, pode-se dizer que o engajamento de Pagu e o foco narrativo de *Parque Industrial* não deram conta das complexidades sociológicas da vida brasileira. O romance dá relevo ao caráter universal das condições dos proletários no mundo capitalista, assim como das particularidades de classe, ainda que respeitando, mas colocando em segundo plano as especificidades locais.

Mas, ao tratar a classe operária da maneira como tratou, trouxe ao espaço do romance, tão caro à cultura burguesa, uma mudança de sinais, uma inversão, que transgrediu e embaralhou os códigos estético e cultural vigentes. A transgressão do texto foi colocar como protagonista, como dono da cena, num "romance" brasileiro, o homem que trabalhava, que construía o cenário do progresso e da modernidade daquela época, no Brasil ou em qualquer parte do mundo industrializado. E nessa obra, as noções de nação e pátria tornam-se quase concretas, já que não pressupõem uma unidade completamente idealizada e abstrata. A "identidade nacional", no texto de Patrícia, procura unir e expor literariamente as vozes daqueles que vivem sob a mesma condição de exploração e miséria. E isso, apesar do que se possa afirmar em relação ao caráter político-partidário da autoria, não parece ser simples.

Além disso, se a obra de Pagu assume uma forma inorgânica como romance, frente à tradição realista do gênero, isso parece sinalizar que o inacabado na forma artística quer trazer à tona a essência do que de fato é precário e não está resolvido na reflexão sobre sua matéria de representação. E *Parque Industrial* não abandona o gênero que quer recusar, porque anseia por sua transformação. Não quer se distanciar dele porque não quer deixá-lo intacto. Essa recusa, dialeticamente, deve ter o mesmo sentido de preservação e superação.

Ao trabalhar com a tênue distinção entre conceitos como o de generalização e particularização do foco narrativo, *Parque Industrial* permite entrever um investimento muito menos simplificador do que parece. Além de apresentar, nos enredos que envolvem seus personagens proletários, questões profundamente relevantes e não-abordadas até então (como a questão racial, a repressão das energias eróticas no mundo do trabalho industrial, a prostituição e outras formas igualmente terríveis de exploração sofridas pelas mulheres pobres), interage intensamente com os problemas de representação artística na modernidade e, em particular, do romance moderno.

Ainda que a posição adotada pelo foco narrativo de *Parque Industrial* possa suscitar inúmeros questionamentos, não se deve esquecer que os problemas implicados nas relações de compromisso político e partidário envolvendo a arte criaram grandes impasses para muitos intelectuais, aqueles que, como Pagu, sondaram a possibilidade de uma arte proletária.

O resultado alcançado pelo romance *Parque Industrial*, está claro, não chegou a resolver impasses, e é bem provável que seu objetivo não fosse resolver nada. A experiência de realização desse romance no Brasil deve ser vista sobretudo em sua singularidade. A iniciativa parte de uma jovem escritora, em seu primeiro romance, escrito no calor das horas subseqüentes à eclosão das vanguardas artísticas e da revolução soviética. E se o livro não é suficiente, se não consegue alcançar a complexidade das questões cruciais relativas à arte de seu tempo, apresenta pelo menos uma experiência literária de real interesse, dentro de uma perspectiva marxista de concepção estética, pertencente a um contexto histórico e cultural muito particular.

Se o livro não chegou a ser lido pelo proletário brasileiro, como parecia ser do interesse da autora, talvez o motivo se relacione às condições de quase clandestinidade em que foi editado. De qualquer forma, qual seria esse "romance" capaz de falar pelo e para o operário brasileiro, atingindo-o, emocionando-o verdadeiramente? Como chegar literariamente até esse homem, como representá-lo em sua dor e luta? Por outro lado, qual seria o texto capaz de desencadear um projeto proletário de literatura em nosso país?

A "porta" modernista

Tendo em vista os aspectos formais de elaboração no romance de Patrícia, pode-se concluir que a desmistificação das formas literárias tradicionais – possibilidade e perspectiva de inspiração vanguardista, introduzidas com sucesso no Brasil pelos autores modernistas – foi vista por ela como a melhor chave estética possível, talvez a mais funcional, para se tentar essa nova arte por aqui, esse "romance proletário" brasileiro. Na esteira do que Alcântara Machado já tinha feito em conto e do que Oswald ousara em romance, com *Serafim Ponte Grande*, o projeto de Pagu pôde encontrar, de certo modo, um parâmetro mínimo para o seu romance de experimentação.

Tudo indica que a inquietação, a proximidade com a vida urbana, a agilidade, o ritmo e a liberdade com que os textos modernistas faziam uso da linguagem dos homens comuns, das calçadas, das praças, dos bairros pobres, pareceram aos olhos da escritora um caminho mais adequado do que a trajetória heróica e edificante que alguns escritores ligados ao partido comunista – ao qual Pagu era filiada desde 1931 – engendraram em suas obras e que culminou na ortodoxia das posições de Andrei Aleksandrovich Zhdanov. Posições expostas ao público, no primeiro congresso de escritores soviéticos, em 1934 – "leis" que fixaram "definitivamente as bases da doutrina estética oficial do realismo socialista"[19].

A autora procurou, no romance *Parque Industrial*, trazer uma pequena luz, inquieta e questionadora, uma tentativa de concretizar essa etapa transitória de uma forma também transitória de "romance". O texto da escritora não demonstra o interesse de estabelecer respostas estéticas definitivas para uma arte que não será definitiva. Por isso não tenta fundar nenhuma escola ou modelo. Procura, ao que tudo indica, ensaiar a inauguração de uma perspectiva artística que já se tentava na época em outras partes do mundo. Mas *Parque Industrial* foi ignorado por seu tempo, com exceção de raríssimos comentadores. E os caminhos trilhados por artistas e intelectuais brasileiros, mesmo pelos que foram ligados à causa socialista, tiveram outras formas de compreensão, assimilação da realidade e postura diante dela.

Refletindo sobre a articulação entre o Modernismo e o "novo sistema cultural posterior a 30", levando em conta as configurações literárias dele advindas, Alfredo Bosi escreve:

---

19. Como se expressa João Barrento, no texto de introdução a Georg Lukács *et alii, Realismo, Materialismo, Utopia: Uma Polêmica 1935-1940*, p. 16.

As décadas de 30 e de 40 vieram ensinar muitas coisas úteis aos nossos intelectuais. Por exemplo, que o tenentismo liberal e a política getuliana só em parte aboliram o velho mundo, pois compuseram-se aos poucos com as oligarquias regionais, rebatizando antigas estruturas partidárias, embora acenassem com lemas patrióticos ou populares para o crescente operariado e as crescentes classes médias. Que a "aristocracia do café", patrocinadora da Semana, tão atingida em 1929, iria conviver muito bem com a nova burguesia industrial dos centros urbanos, deixando para trás como casos psicológicos os desfrutadores literários da crise. Enfim, que o peso da tradição não se remove nem se abala com fórmulas mais ou menos anárquicas nem com regressões literárias ao Inconsciente, mas pela vivência sofrida e lúcida das tensões que compõem as estruturas materiais e morais do grupo em que se vive. Essa compreensão viril dos velhos e novos problemas estaria reservada aos escritores que amadureceram depois de 1930: Graciliano Ramos, José Lins do Rego, Carlos Drummond de Andrade... O Modernismo foi para eles uma porta aberta: só que o caminho já era outro[20].

Para Pagu o Modernismo também foi uma porta, mas ela tinha em mente chegar a um terreno literário diferente. Nesses primeiros anos da década de 30, a escritora parece ter sonhado ver nascer no Brasil uma literatura urbana, proletária, combativa e inteiramente voltada à vida e ao destino dos grupos oprimidos socialmente, dos verdadeiros responsáveis pelos confortos que o progresso proporcionava, mas aos quais não tinham acesso. Uma literatura, porém, tão combativa, que não poderia acomodar-se na forma realista de representação. E aí é que entrava em cena a estética modernista.

Vê-se pela trajetória intelectual de Patrícia Galvão, marcada pela elaboração de apenas dois romances, que esse tipo de texto teve um lugar de compromisso e necessidade em sua vida. Ela, talvez possamos afirmar, foi uma romancista da "necessidade". Escreveu dois romances que considerou urgentes e necessários para determinados momentos da vida brasileira, e que foram produzidos na contracorrente, à margem dos cânones literários. Apesar de não se afastar, em nenhum momento de sua vida, da cena cultural e artística de nosso país, tomando lugar de incansável comentadora e crítica de literatura, Patrícia Galvão não quis se empenhar numa carreira

20. Em seu livro *História Concisa da Literatura Brasileira*, p. 432.

oficial de romancista. Pronunciou-se nesse campo experimentalmente e apenas quando julgou inevitável.

Parque Industrial foi uma manifestação literária radical e, acima de tudo, um posicionamento de luta, que pretendeu chamar a atenção de toda a sociedade para a monstruosidade promovida pelo sistema capitalista. Nele, a escritora depositava suas esperanças na revolução proletária, ao mesmo tempo em que deixava entrever suas incertezas e desencantos[21].

---

21. *A Famosa Revista*, o segundo romance de Pagu, escrito com Geraldo Ferraz, em 1945, foi uma denúncia do massacre cultural e humano produzido pelo partido comunista stalinizado, que transformou também em monstruosidade o sonho revolucionário.

III *Parêntesis:*
Espírito de Concepção do Romance

O teórico marxista Georg Lukács, no prefácio da edição de 1962 de seu livro *Teoria do Romance*[1], ao expor a atmosfera sob a qual ele teria redigido a obra como "de um permanente desespero diante da situação mundial", manifestou a necessidade de relatar o "espírito em que foi concebido um livro, quando se procede a um recuo no tempo de cinqüenta anos [...], porque é então mais fácil de compreendê-lo bem"[2].

No caso de *Parque Industrial*, há com certeza uma necessidade equivalente. E o recuo aqui é ainda maior: são setenta anos a nos distanciar do romance.

Qual teria sido, então, o espírito, a atmosfera histórica e artística em que *Parque Industrial* foi concebido? Este capítulo abrirá parêntesis, para apresentar, em linhas bem gerais, o contexto que envolve aspectos históricos próximos ao da década de 30, assim como os diferentes tratamentos dados tanto à questão da cultura e da arte proletárias, como à do investimento por uma autonomização da esfera estética, desde o começo do século XX até os anos mais próximos da elaboração do romance de Patrícia Galvão.

---

1. O livro de Lukács foi escrito entre os anos de 1914 e 1915, editado pela primeira vez em 1920, por Paul Cassirer.

2. George Lukács, *Teoria do Romance*, Prefácio, p. 8.

O primeiro romance de Pagu, publicado em janeiro de 1933, surge num olho de furacão, numa época de grande complexidade e agitação, no mundo e também no Brasil. Período entre as duas grandes guerras e muito próximo das revoluções russa (1917) e alemã (1918-1919). Anos assombrados pela terrível ameaça nazista[3], sem falar na grave crise mundial eclodida em 1929, na stalinização do poder soviético e no exílio de Trótski.

E, no Brasil, a época foi também de graves conflitos. O chamado tenentismo – surgido em 1922, como um movimento de rebeldia contra o governo – articulou em 1924 uma revolução contra o governo de Artur Bernardes, que representava os interesses da oligarquia dominante, objeto de verdadeiro ódio dos tenentes. A chamada Coluna Prestes, unindo tenentes de São Paulo e Rio Grande do Sul, entre abril de 1925 e março de 1927, realizou a longa e famosa marcha pelo interior do Brasil. E, a partir de 1929, a cisão entre elites dos grandes Estados brasileiros, agravada pela grave crise mundial, levou à Revolução de 1930, detonada pelo assassinato de João Pessoa, no começo de outubro deste mesmo ano. Uma revolução que tirava do poder os antigos quadros oligárquicos tradicionais para colocar em seu lugar "os militares, os técnicos diplomados, os jovens políticos e, um pouco mais tarde, os industriais. Muitos, a começar pelo próprio Getúlio, já tinham começado uma carreira vitoriosa, no interior da antiga ordem"[4]. A partir da revolução de 1930, com a perda de espaço das oligarquias, que tinham por base a força dos Estados, o poder centralizou-se e o processo de industrialização foi incrementado. Ainda no mês de outubro de 1930, Getúlio Vargas subiu ao poder, onde permaneceu por quinze anos consecutivos: primeiro como chefe do governo provisório, depois como presidente eleito pelo voto indireto e depois como ditador.

A Revolução de 1932 em São Paulo, a chamada "guerra paulista", uniu diferentes setores da sociedade – classe média, produtores de café e industriais – contra o poder central. E, nas palavras do historiador Boris Fausto: "Só a classe operária organizada, que se lançara em algumas greves

---

3. Ameaça que se apresentou sob formas diversas: do fascismo italiano, do integralismo brasileiro ou representada pela ascensão de Hitler ao poder, como primeiro chanceler alemão, exatamente no ano de 1933.

4. Segundo Boris Fausto, em *História do Brasil*, p. 327.

importantes no primeiro semestre de 1932, ficou à margem dos acontecimentos"[5].

Contexto revolucionário

Para falarmos do embate entre o que Adorno chama "as duas atitudes frente à objetividade, que se combatem mesmo quando a intelectualidade as expõe em paz fictícia"[6], isto é, do antagonismo entre os intitulados "autonomismo" e "engajamento", devemos nos reportar, em verdade, ao final do século passado.

Em 1888, Friedrich Engels, numa carta dirigida à escritora Margaret Harkness – em que demonstrava preocupação com o que mais tarde iria ficar conhecido como "engajamento" artístico – escreve o seguinte: "Quanto mais as opiniões do autor permanecerem ocultas, melhor para a obra de arte"[7]. No entanto, em 1905, doze anos antes que a revolução soviética acontecesse, publica-se um texto de Lênin trazendo a seguinte declaração:

A literatura deve tornar-se literatura do partido. Abaixo os literatos não-partidários! Abaixo os super-homens da literatura! A literatura deve tornar-se parte da causa geral do proletariado, "uma pequena roda e pequeno parafuso" no mecanismo social-democrático [...][8].

É assim que se vê o surgimento, a partir desses argumentos básicos, de duas posições divergentes; posições que acabaram por demarcar uma divisão fundamental de pontos de vista, dentro da perspectiva marxista, no que se relaciona à questão do lugar da literatura nas sociedades e, particularmente, no contexto revolucionário.

Mesmo que a postura de Lênin em relação ao tema possa parecer um tanto quanto ambígua, já que em alguns momentos ele se manifesta de maneira

---

5. *Op. cit.*, p. 346.

6. T. Adorno, "Engagement", *Notas de Literatura* 3, p. 51.

7. A carta é reproduzida no livro de George Steiner, *Linguagem e Silêncio*, pp. 267-268.

8. O artigo é publicado no *Novaia Jizn*, em novembro de 1905, e está reproduzido no livro de George Steiner, *Linguagem e Silêncio*, p. 268.

mais indulgente quanto à liberdade da arte[9], o fato é, porém, que essa argumentação, assim como outras tão enfáticas quanto ela, acabaram sendo instrumentalizadas por uma linha de pensamento, no âmbito da intelectualidade do mundo marxista, que tinha em vista a regulação e o controle máximo pelo Estado stalinista sobre a arte e a literatura. Existe, de fato, uma distância considerável entre a visão de Lênin expressa em 1905 – favorável à literatura partidária e a serviço da revolução – e o chamado Realismo Socialista, cujo modelo seria formalizado em 1934, pela concepção estética partidária de Zhdanov – modelo stalinista e burocrático. No entanto, é a invocação de Lênin que acaba sendo usada como bandeira pelos teóricos stalinistas e permite que eles cheguem a formular preceitos tão absurdos quanto aqueles proclamados por Zhdanov no Primeiro Congresso de Escritores Soviéticos de 1934. Encarando a arte e, particularmente, a literatura como instrumento de manutenção da ordem stalinista, Zhdanov achou que "a pequena roda" ou "o pequeno parafuso", para funcionar bem, sem os desvios indesejáveis, precisaria sofrer uma severíssima regulação. Assim, o realismo socialista, em suas bases zhdanovistas, promoveu de modo violento uma verdadeira luta pela destruição da imaginação criativa.

Pode-se dizer, portanto, que as duas argumentações, a de Engels e a de Lênin, ao mesmo tempo em que levantaram a questão sobre a função da literatura na perspectiva marxista e revolucionária, geraram uma cisão decisiva. Os teóricos, críticos e artistas acabaram, cedo ou tarde, consciente ou inconscientemente, vendo-se levados a fazer uma opção entre o pressuposto engeliano, segundo o qual na arte "a tese deve brotar da própria situação e ação"[10] e o pensamento de Lênin, defensor do partidarismo, do

---

9. Segundo Moniz Bandeira: "Lênin, ao lado de Trótski, via como impossível a existência de uma cultura proletária (e, por conseguinte, de uma arte proletária), já que a ditadura do proletariado deveria ser apenas um estágio provisório, um momento de passagem para o socialismo" (cf. Moniz Bandeira, no prefácio da edição brasileira de L. Trótski, *Literatura e Revolução*, p. 14). George Steiner também faz uma restrição, segundo a qual, em dois "ensaios sobre Tolstói e em observações feitas a Górki, Lênin adotou uma visão mais sutil e mais tolerante da liberdade poética" (George Steiner, *op. cit.*, p. 272). No entanto, o próprio Steiner enfatiza que, apesar de Luckács ter tentado "reconciliar a defesa de Engels de uma integridade não comprometida do poeta com a exigência de Lênin de total partidarismo e disciplina estética, [...] está claro que existe entre os pronunciamentos de Engels e a concepção leninista uma profunda divergência de tendência e condução do argumento – senão de uma contradição formal" (George Steiner, *op. cit.*, p. 268).

10. Trecho de carta de Engels para Minna Kautsky, reproduzida no livro de George Steiner, *op. cit.*, p. 267.

compromisso autoral político explicitado na obra. Assim, *grosso modo*, os intelectuais e artistas da cultura marxista dividiram-se em dois grupos.

Mas esse foi apenas o começo de uma longa controvérsia, pois a revolução do proletariado russo, em 1917, ou o seu prenúncio em outros países, criou a necessidade de repensar a cultura, diante do surgimento de uma nova sociedade, onde o proletariado – que, como afirma Victor Serge, sempre "viveu à margem da literatura e de toda a cultura superior"[11] – seria a classe dominante.

Vanguardas artísticas

Precisamos agora aludir, mesmo que bem resumidamente, à entrada dos movimentos de vanguardas nesta história:

A 20 de fevereiro de 1909, o primeiro Manifesto Futurista é publicado em Paris, no jornal *Le Figaro*, assinado pelo poeta Filippo Tommaso Marinetti, traçando as linhas mestras iniciais de um movimento artístico que, segundo Gilberto Mendonça Teles, viveria "mais de manifestos que de obras" e que "exaltou a vida moderna, procurou estabelecer o culto à máquina e à velocidade, pregando ao mesmo tempo a destruição do passado e dos meios tradicionais da expressão literária [...]"[12]; organizando-se, de acordo com palavras de Enzensberger, "como clã doutrinária, louvando a ação cega e a violência franca"[13].

Por sua vez, o Futurismo russo, chamado inicialmente de Cubofuturismo, surgiria oficialmente em abril de 1910, com a publicação de um almanaque assinado por Elena Guro, David e Nicolai Burliuk, e Vassíli Khliebnikov. Em agosto de 1911, o poeta Maiakóvski conheceria David e juntar-se-ia ao grupo. Em fins de 1912, seria apresentado o primeiro Manifesto do Cubofuturismo, "que exortava à repulsão de Púchkin, Dostoiévski, Tolstói e todo o passado, proclamando o direito dos poetas de 'aumentar o volume do vocabulário com palavras arbitrárias e derivadas' "[14].

---

11. Em seu livro *Littérature et Révolution*, p. 99.
12. G. M. Teles, *Vanguarda Européia e Modernismo Brasileiro*, p. 63.
13. H. M. Enzensberger, "As Aporias da Vanguarda", *Com Raiva e Paciência*, p. 71.
14. A. M. Ripellino, *Maiakóvski e o Teatro de Vanguarda*, p. 19.

Sob o pretexto de tornar a vida teatral, os artistas cubofuturistas vestiam-se e comportavam-se exageradamente, para incomodar a burguesia e confundir seu bom senso. Maiakóvski assumia o papel do artista, do marginal, do palhaço que "se rebaixa à contenda com os poderosos para defender os miseráveis e os aflitos". Neste primeiro momento, o futurismo russo dá um tom da diferença ante o futurismo italiano:

> As pesquisas obstinadas nos cunículos da linguagem, a aversão pela guerra e pelos preconceitos imperialistas, a nota de revolta social e o colorismo desinibido das imagens davam um caráter inteiramente original às criações dos cubofuturistas. As formas crepitosas de Marinetti não encontraram seguidores entre os poetas russos, embora os seus manifestos sobre o teatro tenham tido boa repercussão entre os diretores de vanguarda de após a revolução[15].

Maiakóvski e seus companheiros receberam a revolução de 1917 com entusiasmo, vendo no novo regime possibilidades libertadoras da caquexia do academicismo e da velharia retórica burguesa. A idéia de renovação política parecia identificar-se bem à revolução na arte desejada pelos futuristas russos.

E em 1923 Maiakóvski funda a "Frente de Esquerda das Artes" (LEF – Liévi front iskustv), reunindo importantes nomes da cultura e das artes de seu país. As teorias da LEF estão vivas na literatura, no teatro e no cinema. A elas se ligam, por exemplo, os cineastas Viertov e Eisenstein. Ainda no ano de 1923, Dziga Viertov expõe na revista LEF suas concepções cinematográficas, baseadas no que ele chamou "cine-olho" e "ditadura do fato". Segundo seus princípios cinematográficos, o olho mecânico, a objetiva, deveria apresentar uma percepção mais aguda da realidade do que o olho humano, ou seja, a montagem dos planos filmados deveria trazer à tona a poesia da vida que o olhar no cotidiano da realidade não poderia ver. Viertov afirmava trabalhar no campo do "documentário poético". Segundo ele, "O cinedrama é ópio para o povo. O cinedrama e a religião são instrumentos de morte nas mãos dos capitalistas"[16].

15. A. M. Ripellino, *op. cit.*, p. 25.
16. *Idem*, p. 71.

Maiakóvski deixa a LEF em 1928 e, em 1930, adere à RAPP (Associação Russa dos Escritores Proletários). A esse grupo pertenciam seus maiores críticos; era, portanto, o campo dos inimigos intelectuais do poeta, onde ele agora penetrava, possivelmente, na tentativa de um diálogo com seus opositores. Para ser admitido, porém, exigiu-se que Maiakóvski reconhecesse os erros e se redimisse deles. Sua obra é acusada de indecente e incompreensível para as massas. E os poucos amigos que lhe restam organizam a exposição "Vinte Anos de Trabalhos de Maiakóvski", mas o clima de fracasso da exposição serve apenas para evidenciar o estado de isolamento do poeta. Apesar da presença de muitos estudantes na inauguração, nem a imprensa, nem os escritores se interessam por ela.

Em 14 de abril de 1930, aos 37 anos, Maiakóvski suicida-se. O Partido Comunista apressa-se em se pronunciar, por meio de um informe que procura afastar qualquer hipótese de vinculação do ato extremo de Maiakóvski a suas atividades sociais e literárias. Mas, segundo Fernando Peixoto,

> Trótski ataca violentamente este informe, acusando os responsáveis de não compreenderem nem o poeta nem as contradições da época. Para ele os jovens artistas dos primeiros anos do socialismo caíram nas mãos de pessoas que converteram em critério de cultura a sua própria falta de cultura[17].

Assim, enquanto Maiakóvski vivenciou radicalmente a contradição de sua época, chegando ao trágico e emblemático ato do suicídio, Marinetti e seu futurismo, em 1924, vivenciaram-na de outra forma trágica, tomando o rumo de adesão à política fascista e cumprindo um destino já prenunciado em seu nascedouro.

Tendo seu início na pintura e recebendo inspiração nos retratos de Van Gogh e no construtivismo de Cézanne, um outro importante movimento de vanguarda aparece em 1910 na Alemanha: o Expressionismo.

Em 1912, Kurt Hiller publica a primeira antologia dos poetas expressionistas, mas o único manifesto do movimento viria tardiamente, em 1917,

---

17. Fernando Peixoto, *Maiakóvski: Vida e Obra*, p. 293.

assinado por Kasimir Edschmid. Essa outra nova expressão artística vivenciou um sentimento radical de insatisfação, agravado pelo impacto da Primeira Grande Guerra. E apresentou, simultânea à insatisfação, a intenção de penetrar mais profundamente nas estruturas do real. Para "entrar" na realidade, a arte expressionista passa a formular processos de composição que visam a sua desfiguração no plano objetivo e põem em questão o "eu" frente ao "todo". Sua visão caótica do mundo (nesse aspecto, identificada com o niilismo) denuncia a ausência de sentido do plano do real. Assim, na arte expressionista, "a perda do sentido do mundo, ou sua fragmentação, e o agigantamento do eu são efeitos que se pressupõem"[18]. O caos e a falta de sentido levam à desmedida, e a desmedida é a medida da intensidade e do esforço para a arte chegar ao cerne das coisas. Há, portanto, uma necessidade de encontrar e reconstruir a realidade, mas o desejo de reconstrução está em anteposição ao sentimento derrotista da impossibilidade dessa transfiguração ocorrer.

Ampliando suas noções da arte para a política e filosofia, o Expressionismo parece antecipar algumas características do Surrealismo. No entanto, ao contrário do seu sucessor, o Expressionismo não pode, verdadeiramente, ser considerado um movimento, no sentido de fenômeno coletivo. É preciso lembrar que muitos dos artistas considerados expressionistas (como o próprio Brecht, em certo momento e aspecto de sua obra) não aceitaram essa classificação. Muitos sequer chegaram a conhecer o termo "Expressionismo", pois morreram antes que ele se tornasse conhecido. Outros, ainda, recusaram-se a reconhecer algum significado nele, como Gottfried Benn.

O termo "cubismo" nasce para a pintura, da observação de Matisse de um quadro de Braque, em 1908. Mas, antes de o nome ser cunhado, será o encontro de Picasso com Apollinaire, em 1905, que determinará a reunião de pintores e poetas em torno de um espírito coletivo, que mais tarde tomará a forma do que Apollinaire chamaria "espírito novo".

A técnica da pintura cubista representa a realidade a partir de objetos geométricos:

---

18. G. Bornheim, *Brecht: A Estética do Teatro*, p. 31.

Desmonta os objetos para que, remontados pelo espectador, deixe transparecer uma estrutura superior, a forma plástica essencial e verdadeira da beleza[19]. Por sua vez, somente cerca de 1917, é que, em torno de Apollinaire, outros poetas, como Cendrars, Jacob, Salmon e Reverdy, passam a se dedicar à elaboração de um projeto poético de "subjetivação e desintegração da realidade": a linguagem está livre para ser caótica, instantânea, fora da lógica.

Bem mais radical, o movimento Dadá procurou no próprio nome dar o tom de seus modos desconcertantes e demolidores, declarando de pronto suas intenções ilógicas. Segundo Tristan Tzara, líder do movimento, Dadá significava "nada": o nome do movimento deveria portanto ser "uma palavra expressiva que, mediante sua magia, fechasse todas as portas à compreensão e não fosse um -ismo a mais"[20].

Foi, sem dúvida, a mais demolidora e pessimista experiência de vanguarda. Empenhada na construção de uma antiliteratura, objetivava chegar a uma completa ausência de princípios, ou seja, seu princípio seria o do "princípio algum", que é contrária à obra e contrária à arte, e que procura a liberdade absoluta, "a arte absoluta, reino da fantasia de cada um, contra a onipotência de todos"[21]. Isso acabou levando seus poetas ao letrismo, ao significante puro e vazio, ao "nada" tão almejado, um "nada", porém, pleno de significado. Além disso, o trabalho obsessivo sobre a destruição da linguagem, dedicado ao desprezo absoluto pelo receptor fez, como seria de esperar, que o público se afastasse completamente das "antiobras" dos dadaístas.

Em 1921, o movimento extinguiu-se, depois de uma cisão interna. Três de seus integrantes mais notáveis – Breton, Soupault e Aragon – deixaramno para fundar o Surrealismo.

O Surrealismo foi um movimento intelectual coletivo em torno do que Enzensberger chama "uma doutrina organizada". O que, nas palavras de Sérgio Lima, tem o sentido de uma "postura", ante os "três fogos" que o

---

19. G. M. Teles, *op. cit.*, p. 87.

20. Declaração reproduzida em G. M. Teles, *op. cit.*, p. 101.

21. Paulo Menezes, *A Trama das Imagens*, p. 155.

teriam iluminado: "a Poesia, o Amor e a Liberdade"[22]. Para Enzensberger, esse caráter coletivo e organizado fez que

> [...] todos os agrupamentos anteriores e posteriores, comparados com ele, parecessem pobres, diletantes e desarticulados. O surrealismo é o paradigma, o modelo perfeito de todos os movimentos de Vanguarda. Formulou definitivamente todas as possibilidades e limitações, e desdobrou todas as aporias inerentes a tais movimentos[23].

Lançado pelo manifesto de 1924, assinado por André Breton, o Surrealismo já existia como atividade internacional desde 1921[24]. Caracterizava-se por um temperamento açambarcador, trazendo para sua cena Sade e seus rituais no claustro, Freud e a linguagem do sonho, Marx e o materialismo histórico, Baudelaire, Rimbaud e Nerval, o mundo infantil e noções de amor que chamou de *amour fou* e *amour sublime*.

Preocupado com todas as instâncias de atuação humana, o Surrealismo aplicou-se à sondagem das profundezas do inconsciente. Revitalizou, assim, as teorias freudianas, inserindo em suas pesquisas estéticas a função intelectual do sonho, dando a ele estatuto de realidade[25]. Dedicou-se também ao sentimento do amor, traçando em sua história um caminho amoroso que começa no tom cortês dos trovadores, passa pela paixão dos românticos, pelo amor louco de Breton, até chegar ao amor sublime reivindicado por Benjamin Péret:

> [...] que não sabe admitir, com efeito, a menor restrição: *tudo ou nada!* O amante só pode oferecer-se em dádiva total à amada desde que receba também o seu, a fim de que ambos possam perder-se no abismo um do outro. "Tudo ou nada" traduz simplesmente, em última instância, a vida e a morte, isto é, a vida total ou a morte desde que se demons-

22. Sérgio Lima, *A Aventura Surrealista*, p. 29.

23. H. M. Enzensberger, *op. cit.*, p. 72.

24. Já em 1919, com Aragon e Soupault, Breton lança a revista *Littérature*. E em 1921, com Soupault, publica um texto em escrita automática: *Champs Magnétiques*.

25. Enquanto Freud, refletindo sobre os elementos absurdos dos sonhos, diz que "todo sonho se revela como uma estrutura psíquica que tem um sentido e pode ser inserida num ponto designável nas atividades da vida e da vigília" (S. Freud, *A Interpretação dos Sonhos*, p. 39), Breton afirma: "O que há de admirável no fantástico é que não há mais fantástico: só há real" (A. Breton, *Manifestos do Surrealismo*, p. 53).

tre a impossibilidade dessa vida, quaisquer que sejam as razões de tal impossibilidade; a responsável, em última análise, é a sociedade[26].

Ao mesmo tempo em que deu estatuto de real ao sonho, trabalhou o movimento inverso. Assim, a vida, mesmo a do artista, mesclava-se à índole onírica da arte. O artista surrealista misturava sua concepção e realização artística ao sentido de sua própria vida. E parece que, mais do que nunca, ao mencionarmos o Surrealismo, não podemos perder de vista o trabalho de Pagu nessa relação com as vanguardas.

O estudioso Paulo Menezes aponta a adesão do Surrealismo ao Marxismo e ao materialismo histórico como uma demonstração "bastante contundente [de] que o surrealismo parece assumir inconscientemente sua impotência como *arte*. Ou, pelo menos, a impotência que eles pensavam e acreditavam ter a arte em relação às transformações da sociedade"[27]. Mas Enzensberger chama essa impotência de outro nome: "fracasso". No entanto, ao fazer isso, Enzensberger não rebaixa o Surrealismo, muito pelo contrário, toma-o por *grande acontecimento*, lembrando-nos das palavras de Breton contra "todos aqueles que não sabem que *na arte não há grande acontecimento que não se dê sob perigo de vida*".

Retorno ao contexto revolucionário

Pensando no contexto da revolução russa, é preciso que se pense no grande problema que representou para seus mentores o fato de a tradição cultural estar nas mãos da classe burguesa. Seria possível negar as conquistas da burguesia e começar tudo de novo? Ou a única solução seria, valendo-se do percurso da história cultural burguesa, trabalhar pela formação de uma cultura e de uma arte proletárias? E quem deveria ser o artista dessa nova arte? O proletário ou o intelectual burguês que aderiu à revolução? Mas como o homem burguês, tão afastado do mundo e dos problemas da classe proletária, poderia tematizar esse universo para ele quase desconhecido? Além disso, como formar escritores e público leitor na classe pro-

---

26. B. Péret em Sérgio Lima, *op. cit.*, p. 209.
27. P. Menezes, *op. cit.*, p. 169.

letária? Seria necessária a criação de regras para que os artistas não se desviassem dos valores revolucionários? Por outro lado, os princípios para o julgamento valorativo das obras de arte poderiam permanecer os mesmos, diante da nova sociedade e da nova literatura que surgia? Poderiam estar nas mãos das mesmas instituições e dos mesmos críticos de antes? Como pensar numa crítica a obras criadas para servir a causa revolucionária, seguidoras de modelos de produção preconcebidos e que explicitassem posicionamento ideológico? Essas foram apenas algumas das inúmeras questões suscitadas.

Entre 1922 e 1923, em seu livro *Literatura e Revolução*, Leon Trótski começa a discutir os destinos da cultura e da arte nessa nova sociedade. Ele tem em mente a necessidade imediata de uma posição frente à questão da existência de uma cultura e uma arte proletárias, já que o estabelecimento do proletariado russo no poder é um fato.

Negando uma oposição entre "cultura e arte burguesas" e "cultura e arte proletárias", Trótski tem a convicção marxista de que o regime proletário é temporário e, portanto, no futuro, a arte e a cultura não serão de classe: "A significação histórica e a grandeza moral da revolução proletária residem no fato de que esta planta os alicerces de uma cultura que não será de classe, mas pela primeira vez verdadeiramente humana"[28]. Pensa que as tradições culturais e artísticas anteriores à revolução são de extrema importância para a criação de uma cultura e de uma arte proletárias. Duas passagens de seu livro podem exemplificar suas convicções: "A classe operária não rompe e não pode romper com a tradição literária, porque não se encontra presa, de modo algum, a essa tradição. A classe operária não conhece a velha literatura. Deve ainda familiarizar-se com ela [...]"[29] e

Nós, marxistas, vivemos com as tradições. Nem por isso deixamos de ser revolucionários. Estudamos e guardamos vivas as tradições da Comuna de Paris, mesmo antes da nossa primeira revolução. Depois as tradições de 1905 a elas se somaram, e delas

28. Leon Trótski, *Literatura e Revolução*, Introdução, p. 25.
29. *Idem*, p. 114.

nos alimentamos enquanto preparávamos a segunda revolução. E, remontando-nos a tempos mais distantes, ligamos a Comuna às Jornadas de junho de 1848 e à grande Revolução Francesa. Também no domínio da teoria, baseamo-nos, através de Marx, em Hegel e nos clássicos da Economia inglesa. Nós, que nos educamos e iniciamos a luta numa época de desenvolvimento orgânico da sociedade, vivemos entre as tradições revolucionárias[30].

Todavia, admitindo a necessidade de criar uma política cultural e artística no período de transição, Trótski chega a se posicionar em relação a ela com relativa liberdade, já que, ao mesmo tempo em que fala de conceder aos artistas "completa liberdade de autodeterminação no domínio da arte", cria uma condição: que esta liberdade completa seja conferida "após colocá-los sob o crivo categórico: a favor ou contra a revolução". E, por fim, encerrando a introdução do seu livro, ele arrisca em poucas linhas algumas diretrizes para essa nova arte:

> Essa arte necessita de nova consciência. E, antes de tudo, é incompatível com o misticismo, quer franco ou disfarçado em romantismo, porque a revolução parte da idéia central de que o homem coletivo deve tornar-se o único senhor e de que só o conhecimento das forças naturais e a sua capacidade de utilizá-las poderão determinar os limites de seu poder. Essa nova arte é incompatível com o pessimismo, com o ceticismo, com todas as outras formas de abatimento espiritual. Ela é realista, ativa, vitalmente coletivista e cheia de ilimitada confiança no futuro[31].

É importante acrescentar que em 1938, diante de um outro cenário histórico, no qual "o fascismo e a burocracia da URSS golpeiam severamente o movimento de emancipação da classe operária do mundo" e "os sangrentos processos de Moscou que misturam a histeria e o assassinato em um nível jamais atingido na história dizimam os dirigentes do partido de Lênin-Trótski, toda a geração de Outubro"[32], Trótski redige com o surrealista André Breton e o pintor muralista Diego Rivera o manifesto

30. *Idem*, p. 115.
31. *Idem*, p. 26.
32. Trecho da introdução do livro organizado por Valentim Facioli, *Breton-Trótski: Por Uma Arte Revolucionária Independente*, p. 14.

"Por uma Arte Revolucionária Independente", defendendo a liberdade incondicional da criação do artista. O texto do décimo primeiro parágrafo do manifesto pode resumir a posição dos três autores:

> Nós temos um conceito muito elevado da função da arte para negar sua influência sobre o destino da sociedade. Consideramos que a tarefa suprema da arte em nossa época é participar consciente e ativamente da preparação da revolução. No entanto, o artista só pode servir à luta emancipadora quando está compensado subjetivamente de seu conteúdo social e individual, quando faz passar por seus nervos o sentido e o drama dessa luta e quando procura livremente dar uma encarnação artística a seu mundo interior[33].

Em *Literatura e Revolução*, Trótski afirmava que o partido não deveria intervir na criação artística, a não ser quando fosse definitivamente necessário, ou seja, para repelir tendências "nitidamente desagregadoras". A respeito da repercussão que teve *Literatura e Revolução*, entre intelectuais marxistas, Moniz Bandeira escreve:

> O livro de Trótski provocou uma série de controvérsias. Tanto Lunatcharski como Bukharin continuaram a defender o *Proletkult*, apesar da oposição de Lênin e das críticas de Trótski. Lunatcharski, embora considerasse a obra *verdadeiramente notável*, chegando mesmo a declarar que subscreveria *sem vacilar* os pontos de vista de Trótski quanto ao comportamento do Partido Comunista diante dos intelectuais [...], atacou a sua concepção de cultura proletária. Trótski, reconhecendo, segundo ele, somente as culturas do passado – feudal e burguesa – e a cultura do futuro – socialista – apresentava a ditadura do proletariado como um período estéril de realizações artísticas e literárias[34].

Mas foram os críticos de Trótski, como Bukharin, que passaram da defesa do *Proletkult* à da teoria do "realismo socialista", expediente stalinista de regulação da atividade artística, que, como já mencionado, promoveu um dos maiores golpes à inteligência criativa e à liberdade de expressão.

---

33. No livro, organizado por Valentim Facioli, *Breton-Trótski: Por Uma Arte Revolucionária Independente*, p. 43.

34. No texto de apresentação de L. Trotsky, *Literatura e Revolução*, p. 13.

Para George Steiner, "qualquer consideração de uma 'linha' engeliana na crítica literária marxista leva, inevitavelmente, a Lukács"[35]. Se, fundamentalmente, foi essa a inclinação do teórico húngaro, seu posicionamento apresentou – como não poderia deixar de ser numa reflexão séria como a que ele desenvolveu – muitas sutilezas de enfoque, em toda a sua extensa atuação no mundo da crítica marxista. O próprio Steiner alude a um ensaio de 1935, em que Lukács faz um esforço para

> [...] reconciliar a defesa de Engels de uma integridade não comprometida do poeta com a exigência de Lênin de total partidarismo e disciplina estética [...] De acordo com essa análise, Engels não está fazendo objeção a uma *littérature engagé* em si, mas à mistura "de mero empirismo e vazia subjetividade" no romance burguês do período[36].

A postura conciliatória de 1935 (e é preciso lembrar que em 1945 Lukács voltaria a ela, em *Introdução aos Escritos sobre Estética de Marx e Engels*), em função da qual o teórico húngaro usou argumentos, de certo modo, estranhos à sua prática de crítico rigoroso[37], teria sido, tudo indica, conseqüência de pressões sofridas no sentido de manter absoluta coerência interna às bases do pensamento marxista. No entanto, felizmente, isso não impediu que Georg Lukács, mesmo sob a sombra de Stálin e Zhdanov, desenvolvesse sua extensa obra teórica, uma teoria estética com bases marxistas, mas independente. E que realizasse estudos importantíssimos sobre as obras de Hegel, Goethe, Balzac, Schiller, Tolstói e Thomas Mann, entre outros. Além disso, as pressões também não evitaram que inúmeras vezes Lukács se posicionasse abertamente contra a ortodoxia partidária e, por isso mesmo, tenha sido acusado duramente de ter colocado "cânones literários 'puros' ou 'formalísticos' acima dos interesses do partido e de classe"[38].

35. G. Steiner, *op. cit.*, p. 273.

36. *Idem*, p. 268.

37. Ao afirmar, por exemplo, que o escritor só pode opor-se à reação se "amar o bem e rejeitar o mal" (G. Steiner, *op. cit.*, p. 269).

38. Lukács passou a ser atacado mais abertamente na década de 50, quando Joseph Revai, um ortodoxo húngaro, e Henri Lefebvre recolocam em pauta a questão da literatura partidária (George Steiner, *op. cit.*, p.

Georg Lukács filiou-se ao partido comunista húngaro em 1918. E em 1928 foi encarregado de preparar para o partido um projeto de teses políticas, a ser apresentado no segundo congresso do partido húngaro que estava sendo preparado. Lukács redige então as "Teses de Blum", que marcaram um momento de mudança na obra do pensador, em que a política passou a orientar sua reflexão sobre a cultura e a estética.

É um retorno "politizado" à reflexão sobre a estética ou uma "politização" da estética. [...] A partir da década de trinta, a retomada das questões acerca de uma estética "sistemática" e a sua reflexão sobre a experiência das vanguardas históricas em particular, tem por base uma teoria política[39].

Entre 1929 e 1931, ao trabalhar junto ao Marx-Engels Institut, Lukács toma contato com os *Manuscritos Econômico-filosóficos* de Marx. Na mesma época, lê os *Cadernos Filosóficos* de Lênin, publicados entre 1929 e 1930. E, a partir daí, passa a se dedicar com determinação à tentativa de estabelecer uma "filosofia para o marxismo" e sistematizar uma "estética marxista", que, superando o legado de Franz Mehring e Georges Plekhanov[40], irá lançar mão de Hegel, mas procedendo a um estudo em bases marxistas da Estética hegeliana[41].

Na revista alemã *Die Linkskurve*, Lukács publicou, em 1932, os ensaios "Os romances de Willie Bredel", "Tendência ou Partidarismo" e "Reportagem ou Configuração", textos em que deixava clara sua contraposição tanto ao que chamava de "sociologismo vulgar" (que iria

---

281). Segundo João Barrento, "critica-se o fato de Lukács nos anos trinta ter ignorado e combatido a literatura socialista proletária e as suas experiências nos anos vinte" (Georg Lukács *et alii*, *Realismo, Materialismo, Utopia: Uma Polêmica 1935-1940*, p. 16).

39. Carlos Eduardo Jordão Machado, *O Debate sobre o Expressionismo*, p. 13.

40. Franz Mehring (1846-1919) "é autor de uma das primeiras biografias de Marx e o seu livro *A Lenda*, publicado em 1893, é o primeiro grande trabalho de teoria e crítica literárias marxistas juntamente com a obra de seu contemporâneo G. W. Plekhanov" (João Barrento, em *Realismo, Materialismo, Utopia; Uma Polêmica 1935-1940*, p. 133). Segundo Plekhanov (1856-1918), no artigo intitulado "Da Arte" (presente na coletânea *A Arte e a Vida Social (1912-1913)*, Lisboa, Moraes, 1977), as impressões estéticas são determinadas pelas condições da vida social e pela situação econômica das sociedades.

41. Entre 31 e 33, Lukács começa a escrever a monografia *O Jovem Hegel*, obra só concluída em 1938, e que tem a primeira publicação na Suíça, somente em 48.

dar no realismo socialista), quanto às vanguardas artísticas e a seu método criativo de experimentação. Nesses ensaios, Lukács apega-se aos clássicos e aproxima-se de Trótski quando defende a importância de certa herança cultural do passado para a constituição de uma nova cultura proletária. No texto "Da Necessidade uma Virtude", da mesma época – réplica à resposta de Ernst Ottwald ao ensaio do teórico sobre seus romances ("Reportagem ou Configuração") – Lukács afirma que o romancista "ao renunciar à herança cultural do período de ascensão revolucionária da burguesia 'renuncia' ao verdadeiro desenvolvimento de todos os componentes da cultura proletária antes da tomada do poder pelo proletariado"[42].

E a posição negativa de Lukács em relação à prática expressiva das vanguardas, no que diz respeito ao que chamava de "irracionalismo" e "anticapitalismo romântico como concepção de mundo"[43], permaneceu durante toda a carreira do estudioso. Lukács negava os recursos expressivos vanguardistas, tais como a montagem, a abstração e o monólogo interior. Foi um firme opositor do Expressionismo, pesando em sua argumentação a conexão, ainda que não imediata, que fazia do movimento com o fascismo[44].

A participação de Lukács no famoso "Debate sobre o Expressionismo", entre 1937 e 1938, que teve lugar na revista alemã *Das Wort*, foi determinante. Nele, Georg Lukács polemizou sobretudo com Bertolt Brecht, Hanns Eisler e Ernst Bloch. O texto "Trata-se do Realismo!", publicado na revista em 1938 (vol. 3, n. 6), tornou-se um verdadeiro clássico do debate. É um texto que permite conhecermos a síntese dos fundamentos estéticos que nortearam o trabalho de Lukács. Para ele, a tendência principal da literatura de vanguarda "consiste num *afastamento* cada vez mais nítido em

---

42. G. Lukács, *Sociología de la Literatura*, p. 145.

43. Carlos E. J. Machado faz uma ressalva em relação a essa posição negativa quanto às vanguardas históricas, já que nos anos 50 e 60, nos textos sobre Kafka, Musil e Beckett, Lukács modificou um pouco o enfoque da questão. Mas, em essência, sua postura continuou a mesma (*Debate sobre o Expressionismo*, p. 38).

44. Carlos Machado chama a atenção: "Deve-se ter em conta que a conexão por ele estabelecida entre expressionismo e fascismo, como notara com precisão Benjamin, *não* é imediata. Para ele, o expressionismo é uma das muitas tendências do pensamento da cultura alemã que foram apropriadas pelo fascismo" (*op. cit.*, p. 40).

relação ao *realismo*, numa *destruição* cada vez mais acentuada do realismo"[45]. Lukács tinha, portanto, como linha mestra para suas concepções estéticas, a defesa do realismo; ou, mais propriamente, o que ele chamou de "realismo crítico". Mas, esse realismo pregado por Lukács – nos termos hegelianos e marxistas em que o pensador húngaro coloca a questão – não posiciona, como Brecht, a literatura como um instrumento a serviço da luta de classes.

Lukács evoca o que considera as obras-primas do realismo – Cervantes, Shakespeare, Thomas Mann e Balzac – para contrastar com as vanguardas, desmerecendo-as, negando-as mesmo. Para ele,

A Joyce ou a outros representantes da literatura "vanguardista" conduz apenas uma passagem muito estreita; é necessário "descobrir certos truques" para se conseguir compreender o que aí se passa. E, enquanto que no caso do grande realismo o acesso mais fácil propicia também uma grande riqueza de ensinamentos humanos, com a literatura "vanguardista" as grandes massas do povo não podem aprender nada. Precisamente porque nesta literatura falta a realidade, a vida, ela impõe aos seus leitores uma concepção estreita e subjetivista da vida, enquanto o realismo, pela riqueza de aspectos a que dá forma, responde às perguntas que o próprio leitor põe [...][46].

E a essência do discurso de Lukács em defesa do realismo crítico e combatendo as vanguardas, como já ressaltamos, não se alterou ao longo do tempo. Em maio de 1968, numa entrevista concedida a Istvan Simon e Erwin Gyertyan, Lukács diz:

Toda grande arte é realista. Desde Homero. E por isto ela reflete a realidade: este é o critério irrecusável de todo grande período artístico [...] O que eu recuso com a máxima energia é que se forneçam receitas para este realismo, que se indique de antemão que aspecto ele deve ter.

Em relação às vanguardas, na mesma entrevista, mais adiante, Lukács afirma:

---

45. G. Lukács, "Trata-se do Realismo!", *Realismo, Materialismo, Utopia*, pp. 36-37.
46. G. Lukács, *op. cit.*, p. 63.

Eu repito que, *grosso modo*, toda grande literatura, toda literatura autêntica, é realista. [...] A questão que se coloca é a de saber até que ponto pode se qualificar de realistas certas tendências "modernistas" ou de "vanguarda". [...] A experimentação formal, em si e para si, tem sempre algo de extremamente problemático [...]. Tomemos, por exemplo, o grande monólogo interior de *Carlota em Weimar* de Thomas Mann e comparemolo aos monólogos interiores de Mrs. Bloom no *Ulisses* de Joyce. Há analogia de processos, mas enquanto Joyce inventou algo comparável a associações registradas em um gravador, em Thomas Mann tem-se somente a *impressão* de uma sucessão livre de associações: na realidade, Thomas Mann tinha um objetivo muito claro, que era o de *mostrar* alguma coisa por meio deste procedimento – digamos, as relações de Goethe com Schiller[47].

Por sua vez, Bertolt Brecht foi um dos mais notáveis homens da literatura, crítica e teoria estética marxista. Desempenhou um papel profundamente importante no debate em torno da arte e do seu compromisso de classe e com a revolução proletária, não só como autor, mas também como um crítico sério.

Negando para si o rótulo de expressionista, Brecht coloca-se, contudo, em favor do Expressionismo, contrapondo-se aos "juízes de arte" que, segundo ele, tratariam a questão do realismo em termos formalistas. Brecht diz irritar-se com isso e pergunta: "Será que nós, os revolucionários, podemos realmente tomar posição contra as novas experiências?"[48]. E, aludindo provavelmente a formulações de Lukács, acrescenta: "Se queremos falar para o povo, temos que ser entendidos pelo povo. [...] O povo não entende só as formas do passado". Ao mencionar Joyce, rebate as acusações contra as novas técnicas literárias: "O *monólogo interior* também foi recusado como meio técnico, chamavam-lhe *formalista*. Nunca compreendi por que razão. O fato de que Tolstói teria feito isso de outra maneira não é motivo para recusar como Joyce o fez". Mas, ao mesmo tempo em que Brecht procura estar aberto ao uso das novas formulações estéti-

---

47. "Literatura e Vida", entrevista de Lukács publicada pela revista húngara *Kortars*, e reproduzida no livro *Conversando com Lukács*, traduzido e prefaciado por Giseh Vianna Konder, pp. 179-196.

48. "Formalismo e Realismo", textos de Brecht, de 1938, a respeito do "debate sobre o expressionismo", reproduzidos em *Realismo, Materialismo, Utopia*, pp. 87-114.

cas das técnicas vanguardistas, dirigindo-as a uma maior comunicação com as massas populares e em favor da causa revolucionária, ele está seguro, como Trótski e Lukács, da importância das obras do passado. Esse "novo", portanto, não pode simplesmente ignorar as tradições culturais. Em suas palavras:

> A literatura proletária esforça-se por aprender formalmente a partir das obras do passado. Isso é natural, não se pode pura e simplesmente passar por cima de fases anteriores. O novo deve ultrapassar o velho, mas deve, ao mesmo tempo, tê-lo dentro de si, "superá-lo". Tem de se reconhecer que há agora uma nova aprendizagem, uma aprendizagem crítica, uma aprendizagem transformadora e revolucionária[49].

Defendendo que a verdade "deve ser dita de muitas maneiras", Brecht afirma que o importante é que se provoque, que se desperte a indignação em relação a condições inumanas de existência, por meio da "descrição direta, patética ou objetiva, pela narração de fábulas e parábolas, em anedotas, por exagero ou redução"[50].

Na prática, é isso que Bertolt Brecht fará durante toda sua vida de escritor: à procura das muitas maneiras de a verdade ser dita, o grande dramaturgo alemão fará da inovação e da pesquisa formal um poderoso instrumento de acesso ao leitor-espectador, de fazê-lo sentir, de indigná-lo. Num estudo sobre o autor alemão, Gerd Bornheim afirma, referindo-se à segunda peça de Brecht, *Tambores na Noite*: "O fato é que Brecht continua e continuará inovando. E nessa linha, o aspecto mais importante que deve ser sublinhado em *Tambores* está na linguagem, que inaugura uma linha de pesquisa e elaboração à qual Brecht ficaria obstinadamente fiel até o fim"[51]. Mais adiante, comentando a peça *Um Homem é um Homem*, Bornheim diz:

> Com esse texto, de certa forma, Brecht encerra o seu primeiro ciclo. [...] Costuma-se dizer que Brecht supera com essa peça o expressionismo [...]. A observação é tão correta

---

49. B. Brecht, "Formalismo e Realismo", em Georg Lukács *et alii*, *Realismo, Materialismo, Utopia*, p. 102.
50. B. Brecht, *op. cit.*, p. 111.
51. G. Bornheim, *op. cit.*, p. 55.

quanto parcial: Brecht está superando dialeticamente toda a experiência teatral da época, inclusive a dele mesmo, na busca de uma linguagem nova. Mas dialeticamente: suprimindo, conservando, superando[52].

É assim que Brecht desenvolverá sua extensa obra: de *Baal* (1918), passando por *Tambores na Noite* (1920), *Na Selva das Cidades* (1922), *Um Homem é um Homem* (1926), *Ópera dos Três Vinténs* (1928), *Ascensão e Queda da Cidade de Mahagonny* (1929), *O Vôo de Lindbergh* (1929), *A Decisão* (1930), *A Exceção e a Regra* (1930), *Santa Joana dos Matadouros* (1931), *A Mãe* (1932), *As Cabeças Redondas e as Cabeças Pontudas* (1932-1936), *Terror e Miséria do Terceiro Reich* (1935-1938), *Os Fuzis da Senhora Carrar* (1937), até suas obras de maturidade, como *Mãe Coragem e seus Filhos* (1939) e *Vida de Galileu* (1938-1939, com uma segunda versão de 1947).

De todos os caminhos, no âmbito da pesquisa textual, buscados, trilhados e superados pelo teatro engajado do dramaturgo alemão – que lança mão de recursos expressionistas, como a ópera, a épica, o didatismo, a pedagogia, o distanciamento – o que vemos sobressair, como fator de crucial importância na gênese do que foi a obra brechtiana, é a *ruptura*. E o que encontramos em Brecht são experiências radicais de ruptura, que têm como ponto de partida um movimento de negação de sua própria classe social de origem: Brecht rompe com a classe burguesa e assume a voz e a luta da classe proletária. Ele diz:

Cresci como filho de pessoas bem situadas. Meus pais puseram-me um colarinho e educaram-me nos costumes do ser-servido e ensinaram-me a arte de dar ordens. Mas quando cresci e olhei em torno de mim, as pessoas da minha classe não me agradaram, nem o dar-ordens nem o ser-servido. E eu abandonei minha classe e juntei-me às pessoas inferiores[53].

---

52. G. Bornheim, *op. cit.*, p. 101.

53. Trecho de um poema autobiográfico de Brecht, reproduzido em Gerd Bornheim, *op. cit.*, p. 47. Bornheim afirma que "a experiência de Brecht apresenta um radicalismo que só se deixa justificar pelas coordenadas contundentes do tempo" (p. 46).

No momento em que nosso estudo chega às convicções estéticas de Brecht e, mais particularmente, à sua obra de escritor, volta-se para Pagu e seu romance *Parque Industrial*. É impossível não fazer associações entre o ponto de vista do escritor alemão, autor da peça *A Mãe*, de 1932, baseada no romance de Górki, e o drama proletário encenado no romance que Patrícia Galvão terminou de escrever também em 1932. O trabalho de pesquisa formal colocado a serviço da luta de classes e o rompimento do compromisso com a classe de origem para assumir a fala do "outro" são apenas duas das características que tornam possível essa aproximação.

O tema da apropriação da fala operária no espaço da obra de arte em Brecht nos remete às posições do teórico marxista Theodor Wiesengrund Adorno – que, ao lado de Walter Benjamin e Max Horkheimer, foi um dos grandes expoentes da Escola de Frankfurt. Adorno foi um estudioso que, como ninguém, soube trabalhar dialeticamente suas reflexões, o que muitas vezes o tornou um autor polêmico e não raro "difícil". Foi Artur Morão – nada menos que o tradutor de sua *Teoria Estética* para a língua portuguesa – que chegou a afirmar, numa nota introdutória da tradução, que "Adorno não é fácil" e que possui "um modo de dizer que não é imediatamente compreensível, mas bastante elíptico"[54].

Em seu ensaio *Minima Moralia*, Adorno diz:

> A expressão vaga permite àquele que a ouve representar-se aproximadamente o que lhe convém e que ele de todo modo já tem em mente. A rigorosa impõe uma compreensão inequívoca, um esforço conceitual, do qual as pessoas perderam deliberadamente o hábito, exigindo delas diante de todo conteúdo a suspensão dos juízos habituais e, deste modo, um certo afastamento, a que elas resistem violentamente. Apenas aquilo que elas não precisam compreender primeiro é tido como compreensível; só aquilo que, em verdade, é alienado, a palavra cunhada pelo comércio, é capaz de tocá-las como algo familiar. Poucas coisas contribuem tanto para a desmoralização dos intelectuais. Quem quiser

---

54. Artur Morão, num texto de abertura da tradução da *Teórica Estética* de Adorno, intitulado "Advertência" (*Teórica Estética*, p. 9).

subtrair-se a ela, tem que considerar todo conselho a dar atenção à comunicação como uma traição ao que é comunicado[55].

É este, portanto, o plano sobre o qual Adorno vê e trabalha seus próprios textos: a linguagem como um problema de representação. Ela nunca é o que de fato comunica. E nunca comunica sem trair. Daí o empenho de Adorno de alerta, de advertência, dirigidos à literatura realista e à arte "engajada", a Lukács, a Sartre, a Brecht.

Tendo sempre em vista a antítese "arte pela arte" x "arte engajada", Adorno acaba por duvidar da "onipotência da alternativa" (dúvida despertada, segundo ele, pela própria literatura contemporânea), e diz:

> Cada uma das duas alternativas nega, ao negar a outra, a si própria: a arte engajada porque, como arte necessariamente distinta da realidade, abole essa distinção da arte pela arte porque, pela sua absolutização, nega também aquele relacionamento irrecorrível para com a realidade [...][56].

Sem querer uma "compreensão fácil" de suas reflexões (lembremos que, segundo o próprio Adorno, sua escrita não é o que ele pensou), procuraremos apontar somente pontos centrais de ligação entre o que ele problematiza na relação da arte com a realidade e a questão que estamos tentando cercar e que diz respeito diretamente à literatura de Patrícia Galvão e ao seu *Parque Industrial*: o problema de representação realista, engajada – problema próprio a uma literatura que se quer de experimentação e de representação da fala proletária.

Duas idéias em Adorno, que dizem respeito ao mesmo tema, são muito importantes para nós: "O seu [da arte] contributo para a sociedade não é comunicação com ela, mas algo de muito mediatizado, uma resistência, em que a evolução social se reproduz em virtude do desenvolvimento intra-estético, sem ser a sua imitação"[57], e

---

55. T. W. Adorno, "Moral e Estilo", fragmento 64 da *Minima Moralia*, p. 88.
56. T. W. Adorno, "Engagement", *Notas de Literatura* 3, p. 52.
57. T. W. Adorno, *Teoria Estética*, p. 254.

O caráter ambíguo da arte como elemento distinto da realidade empírica e, assim, do contexto de eficácia social, que, no entanto, recai ao mesmo tempo na realidade empírica e nos contextos do efeito social, aparece imediatamente nos fenômenos estéticos. Estes são dois: estéticos e *faits sociaux*. Necessitam de uma consideração desdobrada que é tão difícil de pôr diretamente enquanto una, como a autonomia estética e a arte enquanto algo de social[58].

A relação entre a obra literária e a realidade parece estar dada nestes termos: a esfera da arte não tem o poder de ação direta sobre a realidade, no entanto, tem um outro lugar mais difícil, pois seu papel estético, como uma resistência, é seu papel social.

Para ele, a atitude se dá internamente:

> Na libertação da forma, tal como a deseja toda a arte genuinamente nova, cifra-se antes de tudo a libertação da sociedade, pois a forma, a coerência estética de todo o elemento particular, representa na obra de arte a relação social; eis por que o estado de coisas existente repele a forma emancipada[59].

Para ele, o empenho de ação e de transformação direta é ilusório e ineficaz, pela própria natureza limitada do campo de ação da arte em relação aos elementos da realidade. Deste modo, parece se dar o apelo de Adorno: a arte tem de respeitar sua esfera estética como fato social que ela é. É impotente para invadir e destruir as instituições, os espaços do mercado e da política. Mas ela pode e tem que continuar a atuar no seu espaço de realidade: "ser arte" para resistir, destruir e superar-se a si mesma, o que sugerirá uma superação num nível maior: eis a grande contribuição social da arte.

No seu famoso ensaio "Engagement", Adorno escreve:

> Mesmo a melhor parte de Brecht é infectada pelo engodo de seu engajamento. A linguagem denuncia o quanto se distanciam o sujeito poético e a sua mensagem. Para con-

---

58. *Idem*, p. 282.
59. *Idem*, p. 285.

tornar essa defasagem, ela afeta a linguagem do subjugado. Mas a doutrina que ela propagandeia exige a linguagem do intelectual. *Sua despretensão e simplicidade é ficção. Ela se trai tanto através de sinais de exagero como através da recorrência estilizante a caracteres e expressão antiquados e provincianos.* [...] *É usurpação e como que ironia para com as vítimas falar como elas como se fosse realmente uma delas. É permitido fazer-se qualquer papel, menos o do proletário.* O que mais pesa contra o engajamento é que mesmo a intenção correta falseia quando é percebida e mais ainda quando justo por essa razão ela se mascara [grifos meus][60].

Em "Passando Fome", fragmento 65 de seu livro *Minima Moralia*, Adorno afirma:

É reacionário lançar mão dos dialetos dos operários contra a língua escrita. O ócio e até a soberba e a arrogância conferiram ao discurso das classes superiores uma certa independência e autodisciplina. Através disso ele é levado a opor-se à sua própria esfera social. Ele se volta contra os dominantes, que dele abusam para comandar, pretendendo comandá-los e recusando-se a continuar a serviço de seus interesses. *Na linguagem dos oprimidos, porém, resta apenas a expressão de dominação, que também a privou daquela justiça que a palavra autônoma, não-mutilada, promete a todos aqueles que são livres o bastante para dizê-las sem rancor. A linguagem proletária é ditada pela fome. O pobre masca as palavras de modo a saciar-se nelas. Ele espera o espírito objetivo da linguagem, o alimento substancioso que a sociedade lhe recusa; ele, que nada tem para abocanhar, enche a boca com palavras. Vinga-se assim na linguagem. Ele desonra o corpo da linguagem, o que não lhe é permitido amar, repetindo com uma força impotente o ultraje que a ele próprio foi infligido.* [...] *Se a língua escrita codifica a alienação das classes, então esta última não pode ser revogada pela regressão à língua falada,* mas apenas na coerência da mais rigorosa objetividade lingüística. *Somente a fala que suprassume [aufhebt] em si a escrita liberta o discurso humano da mentira de que ele já é humano* [grifos meus] (pp. 88-89).

Nos dois fragmentos, Adorno parece querer dizer o mesmo: a literatura, a língua escrita não é lugar para a fala do operário. Para ele, o es-

---

60. T. W. Adorno, "Engagement", *Notas de Literatura* 3, pp. 62-63.

critor não tem o direito de se apropriar dos modos de expressão do "outro". Se assim o fizer, estará cometendo um ato de usurpação, impostura e deboche. Se essa visão se mostra preconceituosa e elitista, não se deve esquecer o que Adorno diz ao final do segundo trecho citado: "Somente a fala que suprassume [*aufhebt*] em si a escrita liberta o discurso humano da mentira de que ele já é humano".

E aqui, chegamos a uma idéia crucial para o nosso estudo: a da superação dialética. O famoso e poderoso verbo "suspender" [*aufheben*] foi usado por Hegel para expressar esse conceito, na primeira parte de sua *Fenomenologia do Espírito*. Na língua alemã, *aufheben* tem três sentidos distintos, que Hegel superpõe: suspender é destruir, é preservar e é elevar o valor.

Essa noção é fundamental para toda reflexão sobre a arte. O próprio Brecht, como já foi mencionado, diz que "o novo deve ultrapassar o velho, mas deve, ao mesmo tempo, tê-lo dentro de si, 'superá-lo'". Bornheim, ao falar da grandeza da obra de Brecht, afirma que "Brecht está superando dialeticamente toda a experiência teatral da época, inclusive a dele mesmo, na busca de uma linguagem nova. Mas dialeticamente: suprimindo, conservando, superando".

Mas a maneira como Adorno transcreve a idéia de superação do discurso é que nos chama a atenção: esclarece-nos sobre ela e, ao mesmo tempo, torna-a mais complexa. Adorno reivindica mais do que a realização do potencial verdadeiramente combativo e eficaz da linguagem escrita, para o âmbito da própria escrita (que é seu espaço máximo de realização, sua grandeza e onde sua contribuição poderá de fato se dar, para a classe proletária e na direção à "revogação da alienação das classes"). Ele reivindica uma fala, uma forma de discurso que supere dialeticamente a própria escrita, e que, ao contrário dela, não se confunda com a verdade, com a "humanidade".

No caso de Pagu, em *Parque Industrial* está fortemente presente a idéia de superação da forma literária e, em particular, da forma do romance, e mesmo uma superação dos empenhos inovadores das vanguardas e do Modernismo. Seu romance traz o signo da experimentação formal e da transgressão das normas do gênero, ao trabalhar o proletário como sua matéria de "representação".

No entanto, suas faces engajada e experimental de literatura vivem tão intensamente suas formas de engajamento e experimentação e tensionam-se mutuamente em tão alto grau, que impedem que a superação de fato se dê: o nível da ambigüidade, ao mesmo tempo em que não permite nunca o "lugar do meio", por outro lado, leva o romance à esfera do fracasso: tanto pelo inacabamento formal que apresenta, que não lhe permite "ser" romance, como pela ineficácia do ato realista de representação.

Tratarei agora brevemente de dois teóricos marxistas, um belga, outro brasileiro, que, com suas especificidades, aproximam-se dos ideais artísticos de Pagu. São eles: Victor Serge e Mário Pedrosa.

Mencionarei aqui do texto de Serge de 1932, seu tratado *Littérature et Révolution* e de uma conferência proferida por Pedrosa em 1933, "As Tendências Sociais da Arte e Käthe Kollwitz".

Entre 1945 e 1946, quando Patrícia assina uma coluna de crônica e crítica literária para o jornal *Vanguarda Socialista*, dirigido por Mário Pedrosa, ela faz referências entusiasmadas a Victor Serge e a sua teoria de literatura revolucionária. No número de 11 de janeiro de 46, no texto intitulado "Algo sobre Literatura e Revolução", Patrícia Galvão, antes de citar alguns trechos da obra de Serge, traduzidos por ela mesma, escreve:

No pequeno volume que terminou em fevereiro de 1932, em Leningrado, e que teve sua única edição nos cadernos azuis da Livraria Valois em Paris, sob o título "Littérature et Révolution", Victor Serge estudou a fundo os problemas da chamada literatura interessada, do ponto de vista do militante marxista. [...] Através dessa pequena brochura hoje rara, encontram-se talvez um dos mais seguros guias para as gerações que pensam dever servir à revolução, no campo um tanto aguado de uma literatura pobre como é a nossa. E o trabalho do cronista se limitará a respigar nessas páginas alguns conceitos, algumas indicações, o menos mutiladas possível, desde que se trata de uma escolha arbitrária, quer pelo espaço, quer pela preferência falível de seleção, o que é fácil desculpar.

O escritor de origem belga Victor Serge, cujo nome de batismo era Vladimir Kibaltchic, morava na URSS e escrevia em língua francesa. Por suas idéias, sofreu um terrível boicote literário e duras perseguições. Depois de publicar *Littérature et Révolution*, foi deportado para Orenbourg com a família e impedido de publicar. Em 25 de junho de 1935, na França, durante a última seção do Congresso Internacional de Escritores pela Defesa da Cultura, Magdeleine Paz e Charles Plisnier expuseram o caso de Serge diante da assembléia, pedindo que o congresso interviesse na questão e auxiliasse o escritor a sair da URSS com a família e a ter de volta o direito de publicar. Atendendo a esse pedido, André Gide procurou o embaixador da URRS na França e obteve dele uma autorização para Victor Serge "fazer chegar aos editores seus novos escritos (mas só aqueles que não atacassem o regime soviético)"[61].

As perseguições de Stálin ao escritor marxista Victor Serge deveram-se sobretudo ao espírito independente das idéias do escritor. Sua teoria estética exposta em 1932, dedicada às relações entre literatura e revolução, não se preocupa em apenas ecoar conceitos de outros teóricos ou se unir ao uníssono coro do grupo ortodoxo que circundava Radek e Zhdanov. Serge dialoga com as teorias de Trótski, a quem muito admira, mas, ainda assim, discorda dele quando julga necessário. Pois, segundo suas próprias palavras, não vê a revolução como um "processo homogêneo, único, comparável à queda de uma torrente; ela é muito mais a soma de uma multiplicidade de movimentos variados [...]".

Sua teoria literária – marxista, revolucionária e independente – apresenta um extenso feixe de preocupações. Serge aborda temas difíceis como: as condições de trabalho e sobrevivência do escritor na sociedade capitalista; as dificuldades mercadológicas das obras literárias de valor; os obstáculos que impedem os escritores de chegar ao público das classes pobres; os obstáculos para que as classes pobres cheguem aos livros; os interesses contrários entre a literatura e as classes dirigentes; a missão de defesa dos interesses da burguesia assumida pela Universidade; os problemas inerentes à criação de uma cultura proletária; a possibilidade de adesão dos escritores à causa dos trabalhadores; o problema da falta de qualidade literária das obras de tese; a impregnação no proletariado de valores burgueses; entre muitos outros.

---

61. O episódio relacionado ao escritor Victor Serge é descrito no livro *Littérature Engagée*, no qual Yvonne Davet reúne textos de André Gide relacionados ao tema do engajamento, pp. 96-100. O trecho entre aspas é parte de uma carta de Gide para Magdeleine Paz (p. 100).

Como Benjamin e Trótski, ele acredita na figura do escritor burguês como o "companheiro de viagem", como o "traidor da classe" – do modo que Walter Benjamin coloca a expressão, ou seja, a partir de sua transformação

> [...] numa imagem dialética: é o intelectual dissidente que trai a sua classe, ou é a classe traindo seus próprios ideais? A auto-reflexão crítica, enquanto volta aos inícios do humanismo burguês, aponta para o caminho da solidariedade com os atualmente oprimidos pela burguesia[62].

Além disso, tal qual Brecht e Pagu, Serge não obedece simplesmente à voz de Lênin, não aceita plenamente a figura do que o crítico belga chama "herói do trabalho", nem a ordem de uma literatura ou teoria estética proletária edificante. Ele diz:

> A idéia geral é dada; o tipo geral é dado; a finalidade é dada: ele recebe a ordem de Lênin. Tudo é dado antecipadamente, daí o resultado desastroso. [...] Vossos heróis podem ser maus maridos? Crentes? Alcoólatras? Não. É preciso que ele seja o "herói do trabalho", da raiz dos cabelos às plantas dos pés[63].

E, como poderemos ver a seguir, *Parque Industrial*, mesmo que dialogue com a figura plana do "herói do trabalho", procurará desmistificar esse heroísmo e essa forma plana, que serão desconstruídos no adensamento dramático das tramas do romance. Suas personagens, nada heróicas, são filhas do desencanto, da impotência, da dor, do desespero.

Otávia será acuada pelo confronto entre os temas amoroso e revolucionário; Corina, triturada pela inconsciência de classe e pelo forte apelo do ideário burguês em sua vida; Alfredo será um homem atormentado por sua consciência dividida entre sua origem e o desejo de ser o "novo homem"; e mesmo Rosinha Lituana – uma clara homenagem a Rosa Luxemburgo – que como figura essencialmente emblemática, é uma das personagens mais

---

62. Willi Bolle, *Fisiognomia da Metrópole Moderna*, pp. 175-176.
63. Victor Serge, *Littérature et Révolution*, p. 59 (livre tradução).

"planas" do romance, traz a marca humana e poderosamente profunda da dúvida, do medo, da incerteza.

Em 1933 – partilhando do mesmo "espírito de época" de Patrícia Galvão – um militante comunista brasileiro começava sua crítica de arte com uma conferência sobre a obra da gravurista alemã Käthe Kollwitz.

A fala de Mário Pedrosa que inaugura sua importante atuação no campo da crítica de artes plásticas vai tratar, no ano de publicação de *Parque Industrial*, exatamente de uma obra proletária que tematiza a vida proletária e feminina da época. Pedrosa pensa inclusive que Käthe Kollwitz é de origem proletária (no que se enganou, segundo a estudiosa Otília Arantes)[64].

Mas o que importa e o que salta aos olhos, quando temos diante de nós a leitura de Mário Pedrosa da "profunda compreensão sentimental" da gravura de Kollwitz, é que o texto de Pedrosa – tão esclarecedor quanto ao espaço plástico preenchido pela mão firme e "quase hostil" da gravurista sobre a madeira – parece em certa medida também capaz de ler alguns aspectos do romance *Parque Industrial* de Patrícia Galvão.

Mário Pedrosa, antes de dedicar-se à obra de Käthe, abre o texto com uma explanação de suas idéias sobre a arte no mundo "no presente estado social". Como Walter Benjamin, ele é possuído por um senso da brutalidade da vida moderna industrial e demonstra, de certa forma, uma tristeza diante da "desumanização completa do trabalho social". Quanto à arte, segundo Pedrosa, ela só não perdeu seu caráter eminentemente social "enquanto a mão do homem pôde exercer uma ação diretriz sobre a técnica e os instrumentos-máquinas"[65].

É com esse espírito desencantado, por um lado, mediante a descaracterização social da arte, própria dos tempos modernos de crescente industrialização, mas, por outro lado, esperançoso, mediante a promessa revo-

---

64. "Essa afirmação, quanto à origem proletária de Käthe Kollwitz, segue as traduções que atribuem a seu pai a profissão de pedreiro, ao invés de construtor [...]". Otília Arantes, no prefácio de *Política das Artes*, p. 27.

65. Mário Pedrosa, "As Tendências Sociais da Arte", reproduzido no livro organizado por Otília Arantes, *Política das Artes*, p. 39.

Käthe Kollwitz, *A Viúva I*, 1922-1923.
Xilogravura, 37 x 22 cm.

lucionária do proletariado, que Pedrosa depara com Käthe Kollwitz e se encanta profundamente: "A sua atitude para com as massas populares é mais do que uma atitude estética. É um imperativo social a que não pode fugir, um sistema de vida" (p. 39).

Assim é para Käthe Kollwitz, e assim também para Patrícia Galvão. A arte de Pagu está no mesmo corpo de seu sistema de vida: "do imperativo social a que não pode fugir".

Se, nesse aspecto, a luva de Mário para Käthe é quase perfeita para Pagu, no prosseguimento de sua conferência, o que veremos é o olhar do crítico desnudar, com aguda sensibilidade, o trabalho da artista alemã e, ao mesmo tempo, sem saber, aproximar-se de muitos aspectos da literatura da autora brasileira, sua contemporânea Patrícia Galvão.

Sobre a obra de Käthe Kollwitz, Mário Pedrosa diz:

> É a artista da mulher proletária. A força popular instintiva profunda desta, sua imensa capacidade de afeição e de sofrimento, aquela jovialidade e simpatia apesar de tudo diante da vida, tudo isto ela gravou na simplificação comovente da madeira com uma rispidez quase hostil mas realçando pelo contraste a violência e a profundeza do sentimento expresso. A intensidade dramática que a madeira violentada revela é de tal ordem que a obra de arte atinge aqui a unidade e a integração ideal entre a vontade e o sentimento do artista e a capacidade interior de expressão do próprio material.
>
> Essa profundeza de compreensão sentimental que mostra é um dos traços femininos mais típicos de sua sensibilidade [...] Aquele ambiente tenebroso em que são envolvidas as suas figuras representa a fatalidade social da classe inimiga; [...] aquela vida dolorosa e trágica de sua gente trai a reação feminina de sua sensibilidade que é puramente instintiva e sentimental [...]. Essa sensibilidade não tem apuros de sentimentos nem requintes intelectuais. É simples e banal, mas é imensa[66].

"Violentando" as palavras no lugar da madeira, Pagu, na mesma linha de Käthe Kollwitz, pela rusticidade da matéria simplificada (no seu caso a palavra popular do grito, que expressa dor, raiva, pressa, alegria, deboche), grava no papel a emoção intensa e procura nela a indignação do leitor. E a emoção deve vir a partir da visibilidade do processo artístico.

66. M. Pedrosa, *op. cit.*, pp. 53-54.

Segundo Otília Arantes,

Com a exposição, Käthe Kollwitz, que já participara no Brasil de uma mostra de gravura expressionista alemã, acabou sendo responsável (conforme testemunho de jovens artistas da época que iniciavam sua carreira sob o signo da "função" social da arte), pelo menos em parte, por um curioso fenômeno de retorno a um impulso estético reprimido: o expressionismo, que justamente marcara o início de nossa revolução das artes plásticas[67].

A relação do expressionismo com a arte de Kollwitz não foi destacada pelo texto de Pedrosa, mas a seqüência dos fatos a revela. E o espectro expressionista na obra da alemã vem a ser mais um ponto de coincidência com a de Pagu.

Contudo, é óbvio que a arte de Käthe está longe de ser a de Patrícia. Parecem-se, têm o mesmo cheiro acre, estão fincadas no mesmo solo de envolvimento emocional, abraçando a dilacerante e sombria dor dos despossuídos.

No entanto, a distância que as separa é tão intensa quanto os traços que as fazem próximas. Para começar, a arte plástica proletária de Käthe terá, evidentemente, dramas de linguagem de outra ordem, ainda que ambas tenham que dialogar com uma mesma dificuldade: a de toda arte engajada e realista.

Todavia, mesmo sem pensar por ora nesse nível de distanciamento, que distingue a gravura da literatura, perceberemos que as duas artes se desigualam pelo que uma expõe e a outra omite: a de Pagu não quer deixar nenhum tema de fora, por mais que ele insira um problema formal grave, enquanto que a de Kollwitz tem zonas de silêncio, notadas por Pedrosa.

Enquanto a presença do "inimigo" burguês é absolutamente silenciada no trabalho da gravurista (ficando subliminar à forte presença da dor proletária), Pagu exibe o opositor com lentes de aumento, ainda que se arriscando textualmente, no momento em que o faz. Por outro lado, a grande protagonista, a mulher proletária, que em Kollwitz só tem a face emocional, em Pagu tem inúmeras: Patrícia precisa ver essa mulher proletária em sua

---

67. O. Arantes, no prefácio de *Política das Artes*, p. 23.

diversidade. Além disso, o tema problemático do espaço urbano e moderno não é vital na arte da alemã como o é na da escritora brasileira. Eis apenas algumas das diferenças entre as duas obras, entre as quais identificamos tantas igualdades.

Antes de concluirmos esse espaço reservado à reflexão sobre o espírito de época no qual teria sido escrito o livro de Pagu, é importante lembrarmos que, no mesmo ano em que *Parque Industrial* foi editado, um jovem escritor, tão jovem quanto Patrícia, que se aproximava nesse momento da militância política, publicava seu segundo romance. E se perguntava numa nota, antes de dar início à história: "Será um romance proletário?"

Assim, num tom ameno, de pergunta e não de assalto, Jorge Amado escreveu seu romance *Cacau*. E, mediante uma exposição às dificuldades que se impunham a uma escrita proletária em romance, o escritor assumiu uma postura que não demonstrou, em verdade, disposição para enfrentar o problema que tinha pela frente.

Jorge Amado parece acolher, nesse seu romance *Cacau*, em certa medida, o modelo de literatura proletária vindo de fora, que já começa a se delinear, baseado na figura saudável e edificante do "herói do trabalho" e de sua trajetória rumo à organização revolucionária e ao triunfo sobre a classe opressora. Para resolver o problema da apropriação da fala operária pela escrita, transforma, em *Cacau*, seu herói-narrador em filho de um industrial bem intencionado. Será a morte do pai que levará o protagonista à proletarização, mas a intimidade e o convívio íntimo e amistoso com os trabalhadores da fábrica de seu pai vem de muito antes, desde a infância, época em que ele brincava em companhia dos filhos dos proletários.

A seu modo, Jorge Amado, seu "romance proletário" edificante, será acrescido das particularidades nacionais: por meio do pitoresco, caracterizará a gente simples e trabalhadora da região nordeste do país. Há, decerto, a evidência da precariedade e incipiência do capitalismo e, por conseguinte, da classe proletária no Brasil. E o autor mostra isso fazendo que o romance trace a trajetória da fábrica para a fazenda de cacau, em dire-

Käthe Kollwitz, *Pão!*, 1924.
Litogravura, 30 x 28 cm.

ção a um ponto mais periférico ainda. Nesse lugar descentralizado e abandonado é que acontecerá a conscientização do protagonista. No entanto, a conscientização revolucionária será na base da camaradagem: "Só muito depois soube que o gesto de Honório não se chamava generosidade. Tinha um nome mais bonito: consciência de classe".

Assim, sem partir para a briga, como Patrícia, o autor não tem sequer certeza sobre o que está escrevendo e pergunta: "Será um romance proletário?" O tom da dúvida talvez prenuncie o temperamento dessa escrita, que deseja a acolhida muito mais que o questionamento, ou a destruição e superação de qualquer coisa que seja. Nesse sentido, as tensões formais procuram ser evitadas. E as decisões narrativas parecem buscar, a todo momento, uma postura conciliatória. Há a presença da fala do homem simples, mas em discurso direto, delimitando seu lugar e não lhe permitindo mesclar-se à fala culta do narrador. A inovação e o "engajamento" se fazem pela presença da voz proletária, no entanto, ela não está posta como problema. As dificuldades e tensões que seriam promovidas pela sua inserção no gênero romanesco não estão ali enfrentadas. Ao contrário, criam-se subterfúgios que procuram camuflá-las.

Os modos maneiros do narrador de *Cacau*, ao contrário da inquietação do narrador de *Parque Industrial*, se apegam ao feitio da tradição romanesca, trabalhando o enredo no ritmo brando do tempo interior e contando com a memória afetiva para envolver o leitor.

O esforço de colocarmos em pauta pelo menos algumas das linhas mestras do debate que envolve a arte e a revolução, durante os anos que circunscrevem o romance *Parque Industrial*, evidentemente, não teve a intenção de particularizar semelhanças ou aproximações com nosso objeto de estudo. Procurou dar a ver, minimamente, o ambiente e a época que envolvem essa literatura.

Na verdade, na época em que escreveu o romance, Patrícia Galvão não conhecia muitos dos teóricos e das discussões aqui mencionadas, por estarem em seu presente muito próximo ou no seu futuro distante. Mas o que nos interessou foi a tentativa de perceber em que terreno estão se movendo as intenções literárias da autora: quais as idéias com que *Parque Industrial* dialogou e, ao mesmo tempo, quais as que dialogaram com ele.

IV Aspectos da Elaboração de um "Romance Impossível"*

> Por favor, encarem o conhecido como estranho e não aceitem o que lhes parecer habitual.
>
> BERTOLT BRECHT

> O novo deve ultrapassar o velho, mas deve, ao mesmo tempo, tê-lo dentro de si, "superá-lo".
>
> BERTOLT BRECHT

> As contradições podem reconciliar-se. Somente o meio-termo e a mediocridade são irreconciliáveis.
>
> THOMAS MANN

* O termo "impossível" é utilizado aqui de modo a sugerir um emprego amplo do sentido da palavra, procurando chamar a atenção para suas variantes em nossa língua: "**Impossível. 1.** Que não tem possibilidade; irrealizável; muito difícil. **2.** Incrível, extraordinário. **3.** Extravagante, esquisito, excêntrico. **4.** Insuportável, intolerável. **5.** *Bras.* Rebelde, travesso, levado" (*Dicionário Aurélio*).

Um texto que se move inteiro na direção do leitor, como uma rua cheia. Como operários sonolentos se arrastando para a fábrica numa segunda-feira de manhã. O ritmo se acelera. As palavras correm agora, atrasadas, saltando do texto, como os paralelepípedos gastos de seu desgracioso cenário. Linhas que têm pressa, como as personagens que voam para o trabalho, resfolegando como cães cansados para não perderem o dia. Palavras vorazes e velozes que parecem ter fome e medo, que atropelam suas sílabas para que as frases saiam do papel, quase fazendo barulho. Para que pareçam falar alto, no mesmo volume da fala das pessoas dentro delas. E se movam com desespero como a marcha dos teares da fábrica. É quase possível ouvir o barulho dos passos, do atropelo, das conversas abreviadas, das máquinas começando a funcionar. No cenário do progresso, as marcas humanas são deixadas à porta de sua entrada: sangue misturado com leite e uma chinelinha vermelha abandonada na rua deserta e triste.

Como ler esse engajamento febril, esse "realismo social" invasor e incomum que dá as linhas mestras de *Parque Industrial* logo em sua abertura? Como lê-lo em um texto de ficção do começo da década de 30? Como lê-lo num romance?

Na esfera do grande quadro realista do romance, a escrita de *Parque Industrial* foge à regra e desorienta o observador, pois sua violenta vocação combativa não permite que a narrativa se acomode em seu ambiente textual. É um romance que, encarado como romance, apresenta graves fissuras; debilidades que são exibidas ostensivamente. A forma, exibicionista e desmantelada, alardeia o próprio desaparelhamento para o gênero. Por isso avisa, antes que o leitor abra o livro: sou um "romance", um "romance proletário".

Sob uma predisposição dirigida à superação dialética, o movimento é destrutivo: desarma-se a aparência tradicional de romance. Também de preservação: mantém-se a forma de romance. E de transcendência: ensaia-se um novo conceito de romance.

No entanto, o ensaio ainda não é o resultado do que se ensaia, isto é, não é o romance em sua forma acabada. A forma experimental não pode "ser" ainda a forma final do experimento. Está em processo. O romance proletário de Pagu é ainda experimento de um romance, e o próprio texto faz tudo para deixar isso claro.

Assim, a forma romanesca de *Parque Industrial* fica em aberto. A obra precisa *ser* e *não ser* romance. E deve arrastar, neste estado de processo, como um fardo, o que para o experimento é velharia e herança do inimigo. O fardo é seu fundo burguês de feição narrativa, mas é também a condição para a transgressão e o salto para o romance proletário. O salto, porém, não é para a forma acabada: é para o esboço e para o treino. Contudo, o treino é dirigido a uma forma romanesca que deverá ser transitória, posto que a sociedade proletária também deverá ser passageira. Uma acumulação de transitoriedades criando um solo perigosamente movediço: a forma literária pode acabar não tendo onde se amparar.

Além disso, levado ao seu grau máximo, o caráter de resistência formal de *Parque Industrial* cria uma potencialização tão surpreendente de negações que o expõe a outro perigo: o da máxima afirmação, o do autoritarismo, que seria a contraparte do que ele quer negar.

Por vezes, o romance pode ceder e, aparentemente, cair na sua própria cilada. Mas esse espírito, no qual está implicada a sua natureza necessariamente panfletária, não chega a ser o fator, o gene dominante da obra inteira, que vive mais sob impasses do que certezas.

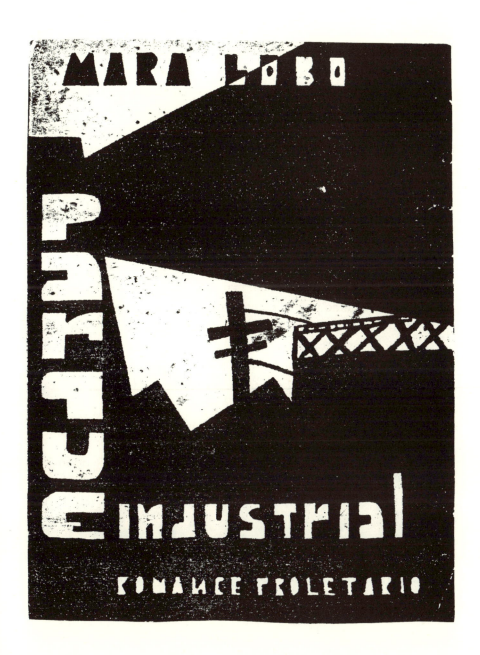

Capa da primeira edição do romance *Parque Industrial*, de 1933.

Parque Industrial não põe em foco o pensamento egocentrado do problemático homem burguês, mas também, ao encenar o proletário, não vivifica a voz unificadora do herói positivo e coletivo. Não se comporta devidamente dentro do gênero, nem no contexto do realismo social. Não chega a compor organicamente enredos, em costura acabada, mas age em golpes de exposição dos fatos comuns, procurando ferir para aguçar, para despertar as sensibilidades e estimulá-las rumo à indignação ante uma realidade de injustiça que quer expor.

Processa a negatividade também no seu cenário de narração. E a cidade moderna é vista aqui sob uma lente narrativa de grau forte, que se aplica à criação de uma imagética do lado monstruoso do progresso. O bonde animalizado parece engolir as pessoas: "O camarão capitalista escancara a porta para a vítima que lhe vai dar mais duzentos réis, destinados a Wall Street. [...] O camarão pára ofegante" (p. 17). A fábrica não é mais o local de trabalho: é a "grande penitenciária social" (p. 6). Escraviza os operários, fazendo-os pedaços seus: "A fumaceira se desmancha enegrecendo a rua toda, o bairro todo. O casarão de tijolo, com grades nas janelas. O apito escapa da chaminé gigante, libertando uma humanidade inteira que se escoa para as ruas da miséria" (p. 99). No carnaval, o cenário de um crime mistura-se à alegria desesperada da festa e banaliza o acontecimento da morte:

Uma facada. Um grito. Viúva alegre. Um lençol. Desaparecem as rodelas vermelhas de carmim dentro do carro branco de sinos.

A borboleta de lantejoulas, caída de um cabelo frouxo, espeta as antenas duras na poça de sangue.

O carnaval continua. [...] (p. 44).

As cem ruas do Brás, com suas portas escuras e iguais; as vinte e cinco casas da zona de prostituição; a maternidade miserável e a prisão imunda: eis a cidade moderna do romance.

Parque Industrial trabalha na zona da sombra, no "avesso" do entusiasmo pelo progresso, com um entusiasmo ao contrário, servindo à expressão de intensificação do péssimo. A narrativa tem vida no lugar obscuro e obscurecido, no ponto periférico do urbano, onde a paisagem da cidade inóspita torna-se ainda mais hostil. E a coisa se agrava quando o país de que se trata é, ele também, um espaço periférico na conjuntura do mundo capitalista.

Nessa cidade moderna de *Parque Industrial*, as cem ruas do Brás parecem todas desembocar numa enorme porta negra, na "boca" terrível da imensa "Fábrica" (palavra grafada por todo o romance com a inicial em maiúscula). Do ponto de vista do homem moderno proletário, é ela o símbolo e o agente da modernização do mundo: um símbolo nada positivo, mas, muito pelo contrário, de opressão e desumanização, triturador da vida, do tempo e da identidade do trabalhador.

O romance de Pagu abre-se, portanto, à agitação da metrópole industrializada, procurando acompanhar o movimento opressivo do progresso, por meio de sua forma narrativa ofegante. Sua animação narrativa está longe, porém, de um movimento de adesão ou homenagem à máquina, como se vê no movimento futurista de Marinetti.

E *Parque Industrial* distancia-se ainda mais da "percepção das cidades à luz do belo técnico"[1], como expressa pelo autor afinado com a ideologia nazista Ernst Jünger. Em seu livro *O Operário. Dominação e Forma*, de 1932, a metrópole moderna deve ser olhada sem julgamento, como

[...] uma paisagem industrial moldada pela técnica, e que substituiu a paisagem natural e cultivada, "um espaço exato, inteiramente construído, com relógios e instrumentos"; um espaço onde reinam "altas temperaturas", "a gélida geometria da luz", "o branco fulgor do metal incandescente". A locomoção nesse espaço tende a "atingir a velocidade de projéteis". Ali o homem vive "em estreita – centáurica – relação com seus meios técnicos"[2].

O grande olhar narrativo do romance de Patrícia sobre a multidão nas ruas que circundam a grande Fábrica está mais de acordo com a visão que

---

1. Willi Bolle, em seu *Fisiognomia da Metrópole Moderna*, tratará de Ernst Jünger e de sua visão de culto à cidade moderna exposta no livro *O Operário. Dominação e Forma*. Compara-o a Walter Benjamin, evidenciando as afinidades entre os dois autores, malgrado as posições ideológicas opostas: "Ele [Jünger] também estudou com prioridade as relações entre civilização e barbárie, tecnologia e sociedade, cultura e guerra. Para ele também, a observação fisiognômica da vida urbana levantou questões sobre as variáveis históricas da percepção e do papel da arte na era tecnológica" (p. 212).

2. Willi Bolle, *op. cit.*, pp. 214-215. Nesta passagem do livro de Bolle, o autor faz diversas citações de trechos da obra de Jünger, que estão entre aspas.

desnuda as relações de opressão imanentes a este mundo veloz e sufocante. Um sentimento esboçado já por Engels, em 1848, no texto *A Situação da Classe Operária na Inglaterra*:

> Uma cidade como Londres, onde se pode vagar horas a fio sem se chegar sequer ao início do fim, sem se encontrar com o mais ínfimo sinal que permita inferir a proximidade do campo, é algo realmente singular. Essa concentração colossal, esse amontoado de dois milhões e meio de seres humanos num único ponto, centuplicou a força desses dois milhões e meio... Mas os sacrifícios... que isso custou só mais tarde se descobre. Quando se vagou alguns dias pelas calçadas das ruas principais... só então se percebe que esses londrinos tiveram de sacrificar a melhor parte de sua humanidade para realizar todos os prodígios da civilização, com que fervilha sua cidade; que centenas de forças, neles adormecidas, permaneceram inativas, e foram reprimidas... O próprio tumulto das ruas tem algo de repugnante, algo que revolta a natureza humana [...][3].

O sentido de brutalização das cidades modernas e de suas máquinas e de suas multidões de solitários já está em Poe, em Baudelaire. E está em Walter Benjamin, para quem

> A tarefa principal da crítica consiste em decifrar esses mitos que cercam o horizonte da Modernidade, descobrindo-se as contradições camufladas sob as palavras de ordem e desmascarando a "modernização" como propagadora de violência. A partir da leitura da superfície da metrópole, o crítico procura ver o rosto da Modernidade "de dentro", investigando traços da mentalidade burguesa e pequeno-burguesa, a mudança de padrões culturais, o imaginário social e político e a ação dos intelectuais, mediadores culturais e produtores de imagens[4].

Na obra de Patrícia Galvão, o ambiente cruel e dramático onde vive o proletário, homem simples, trabalhador pobre, infeliz, explorado, é tra-

---

3. Esta passagem foi tirada de Benjamin, em "Sobre Alguns Temas em Baudelaire", *Charles Baudelaire: Um Lírico no Auge do Capitalismo*, pp. 114-115. Benjamin chama a atenção para o fato de Engels provir de uma "Alemanha ainda provinciana".

4. W. Bolle, *op. cit.*, p. 20.

tado com os modos de agigantamento que, já se sabe, são muito caros ao texto.

Para ser encarado fora do estatuto do comum e do costumeiro, o que é habitual precisa ser retirado do modo habitual de ser olhado: talvez seja essa uma das instâncias sob a qual possamos pensar as feições de ruptura da obra de Pagu, nesse seu romance "realista", tão estranho à tradição realista do romance.

Como o olho mecânico de *O Homem da Câmara de Filmar* – filme de Viertov de 1929 – que se posta "sobre" a cidade moderna (num lugar imaginário de ampla visão) e começa a captar e a "montar" suas cenas coletivas, cada vez com maior rapidez, embaraçando as imagens, até a completa confusão, *Parque Industrial* busca tirar da superfície do dia-a-dia comum o sentido "comum" da crueldade e da violência da metrópole industrial.

Não se pode esquecer, porém, que o espaço da cidade no romance não raro se colore viva e alegremente das grandes cenas coletivas. Mas aí são as pessoas as responsáveis pela beleza do espaço. Elas dão vida ao cenário decadente, triste e mórbido. As pessoas falantes movimentam as ruas, que parecem se mover como rios humanos:

A rua Sampson se move inteira na direção das fábricas. Parece que vão se deslocar os paralelepípedos gastos.

Os chinelos de cor se arrastam sonolentos ainda e sem pressa na segunda-feira. Com vontade de ficar para trás. [...]

O grito possante da chaminé envolve o bairro. Os retardários voam [...] Um pé descalço se fere nos cacos de uma garrafa de leite. Uma garota parda vai pulando e chorando alcançar a porta negra.

O último ponta-pé na bola de meia [...] (pp. 4-5).

Novamente as ruas se tingem de cores proletárias. (p. 10).

O Largo da Sé é uma gritaria (p. 17).

No luar que quase não se enxerga, a criançada brinca de anel.

Longe, num canto, Violeta mexe na calça do soldado gozador.

As meninas maiores tecem grandes abajurs de ráfia, estragando os dedos nos arames. [...] O preto da pamonha se rodeia da pequenada. Matilde tem um fato no colo. D. Catita chega chibante na rua com embrulhos. Otávia aparece no portão.

Um grupo de mulheres se aninha em descanso sobre os feixes de lenha, perto dos tanques (pp. 96-97).

O caráter hiperbólico do romance, que lhe é essencial, pode fazer a desmedida alcançar, em seu grau máximo de ampliação, momentos em que uma visão caótica da realidade toca o absurdo.

Antes de chegar a tal ponto, porém, é a grande visualidade de *Parque Industrial*, seu barulho, o forte estímulo dos sentidos, seu tempo ágil do agora e do transitório, seu cenário predominantemente da rua, seu ser na cidade moderna, do lado de fora, seu estar-fora-de-si, que engendram a figura desejante de um narrador aflito e inquieto, tentando manter-se senhor da objetividade e de alguma esperança.

Seu olhar fragmenta a inteireza e monumentaliza o que é pedaço. Sua poética, que se ensaia a cada linha, especializa-se em desfazer para revitalizar os sentidos do todo e do belo. Pedaço e desmedida interagem rumo ao que seria uma "totalidade" e uma "beleza".

A "beleza", fruto do agigantamento e da fragmentação, é esdrúxula e melancólica. E o processo de aceleração do ritmo do texto, de sua pulsação, da tragicidade dos enredos vai fazendo que ela tenha cada vez mais uma dimensão tenebrosa. Uma beleza crua e cruel, em pedaços, bela no que não é belo, no que é dor e falta, no que é prisão e morte, no que é impotência e dúvida. Produz-se uma poética furiosa destinada a uma impotência igualmente colérica.

Neste discurso, a grande figura de linguagem é a metonímia. O olho gigante da narração detém-se quase sempre num pedaço da coisa que será narrada. As partes supervalorizadas, superampliadas, passam a "ser" as coisas: "Os chinelos de cor se arrastam sonolentos" (p. 4); "A cabeça pintada, na boina azul" (p.18); "Uma cabeça inexperiente nos almofadões" (p. 20); "Os bigodinhos estacionam na esquina" (p. 29); "A noite encontra outra vez o estômago esfomeado de Corina" (p. 143).

Outra figura predominante no texto é a personificação que dá vida aos objetos da cidade e à própria cidade. A cidade, então, não é só cenário, é um corpo vivo. Um corpo doente, moribundo, mas que respira. Sua respiração é ofegante e agônica: "Os teares se elevam e marcham esgoelando" (p. 6); "O sino pesado chama na mão do porteiro" (p. 30); "A sala toda sua" (p. 24); "O teatro Colombo, opaco e iluminado, indiferente aos estômagos vazios [...]" (p. 100); "As espadas dos cavalarianos gargalham [...]" (p. 101).

O apelo sensorial do texto, sobretudo visual e sonoro, alia-se ao processo de montagem das cenas bem curtas, com o objetivo de dar a dinâmica certa da rapidez do mundo moderno, que é o lugar do trabalho industrial, da máquina e da "despossessão" do tempo: os trabalhadores não são os donos do seu próprio tempo.

A estrutura temporal é atropelada, entrecortada, "montada" pelos pedaços dos enredos que se vão formando. Mas o movimento obedece sempre à linearidade. O tempo moderno é o tempo do trabalho, portanto, linear. É o tempo da linha de produção. Ruma-se para a frente, sem olhar para trás. Por isso, quase não há momentos destinados à recordação em *Parque Industrial*. O espaço da lembrança é muito raro, e o efeito é quase sempre de uma angustiante ausência de passado das personagens.

Neste ponto, quando temos diante de nós a questão da fragmentação intensa e contínua associada à ausência quase completa do plano da memória em *Parque Industrial*, chegamos, assim parece, a um ponto dos mais cruciais deste romance, que, de fato, não se pode configurar como forma romanesca acabada e orgânica. A adesão do texto à matéria de seu objeto de narração – o proletário – repete, em sua própria composição, o movimento de esfacelação da consciência e da identidade desse homem: a supressão da memória, na mesma medida em que impede o proletário de uma reconstituição de si mesmo, degenera a forma do romance burguês em suas bases formais, já que é a memória um dos fundamentos de construção tradicional do gênero.

O silêncio do plano da memória nas personagens do texto de Pagu é, portanto, outro fator dificultoso que o romance enfrenta em relação à forma, elemento que evidencia, em verdade, a falta de comunicação, de integração entre os fatos exteriores da realidade e a experiência íntima do homem proletário. Um isolamento que conflui para mais um desmantelamento de sua inteireza.

No livro, assim como o cenário da cidade, também os enredos, as pessoas e suas consciências são imagens do fragmento.

Rosinha Lituana é a única que parece ter um passado no romance. A prisão da operária leva a narração a revelá-lo, como um mergulho na memória da personagem. Mesmo assim, o tempo da lembrança é um mergulho rápido, um átimo de segundo, um raio. Em pouquíssimas linhas, deve-se refazer o percurso de muitos anos:

> Estivera naquela casa, dez anos atrás como imigrante, pequenina. Viera da Lituânia com os pais miseráveis. O depois da guerra os fizera imigrar como tanta gente. Foram misturados com muitos outros no casarão de tijolos da Rua Visconde Parnaíba. O mesmo de hoje. Sem os jardins e sem as grades.

> Depois, tinham sido endereçados como uma mercadoria para a fazenda feudal que os escravizara aos pés de café. Até a criança apanhava. O camponês calava-se. Um dia lhe quiseram tirar a mulher. O moço da casa desejara as tranças fartas da lituana. Encerraram-no num quarto do curral. Tinham conseguido fugir de noite. Rosa se lembrava da despedida na estrada quatro dias depois. O pai dissera:

> – Eles nos pegam! Foge com nossa filha...

> Vira seu pai pela última vez, de um capinzal alto. Escondida e assustada. Ele fora amarrado como um touro e reconduzido ao feudo moderno. Atravessando cidades policiadas!

> Depois tinham chegado ao Brás, as duas sozinhas. A miséria. As idas inúteis ao Patronato Agrícola, donde um dia um velho as expulsou. Tinham ficado num porão. A mãe morrera. Entrara na fábrica de tecidos com 12 anos. A revolta contra os exploradores e os assassinos. Conhecera o sindicato. Compreendera a luta de classes (pp. 107-108).

E o percurso de toda uma vida é narrado de maneira estanque, pontuada, um jorro sem espaço para o fluxo da emoção, um encadeamento de acontecimentos.

Se a ausência de memória é significativa, outras lacunas do romance também são. Os inúmeros espaços em branco entre os períodos do texto são momentos de sua respiração, de sua pulsação. Não demarcam apenas lugares de cortes de cenas. Parecem de fato indicar pausas: o silêncio, o escuro, o vazio também são signos narrativos. Presentificam ausências expressivas e criam ritmos e desenhos, por meio de buracos textuais importantes. Por vezes, os espaços indicam passagem de tempo, mudança brusca de espaço, alteração de unidade temática. Por outras, são montagens "ideológicas", apontando relações de contigüidade e contraste, e marcando a existência de um reação do foco narrativo, em geral negativa: de desaprovação, desprezo, ironia, sarcasmo, tristeza etc.

Esse processo de "montagem" é tão intenso nas feições do romance, que atinge a narração em sua estrutura mais ínfima. Até a pontuação, aliada às inúmeras elipses, trabalha para a poética da montagem. Vejamos:

Os pontos separam frases curtíssimas, muitas delas nominais, criando impressão de acumulação, movimentação, agitação, crescimento ou diminuição de tensão dos períodos.

O trecho a seguir é um exemplo da montagem, dentro de um mesmo período – criada a partir do excesso de interrupções (pelos pontos finais) e das elipses de verbos – que leva à aparência de declínio. É o momento seguinte a uma intensa progressão de tensão rítmica, sensorial e emocional, que, vinda de baixo, chegou ao seu máximo. Nesse momento posterior, o movimento será então de descida.

Os operários acabaram de entrar ofegantes na fábrica. A agitação da cena será diminuída:

> O último ponta-pé na bola de meia.
>
> O apito acaba num sopro. As máquinas se movimentam com desespero. A rua está triste e deserta. Cascas de bananas. O resto de fumaça fugindo. Sangue misturado com leite (p. 5).

Também as vírgulas ao lado das elipses de conjunções fazem inúmeras vezes esse trabalho. Por exemplo, para mostrar a pressa de Otávia, o texto corre com ela: "Otávia se apressa. Atravessa a rua entre ônibus, entra num café expresso, pega a xícara encardida, toma rapidamente o café" (p. 14); ou quando quer dar a ver o colorido, a diversidade e a agitação da paisagem humana, faz saltarem as imagens visuais: "Na rua movimentada, cabecinhas loiras, cabecinhas crespas, saias singelas" (p. 13).

Todos os recursos expressivos, dos quais *Parque Industrial* lança mão, parecem se comunicar, na mesma medida, com a objetividade e com a apreensão emotiva. São todos eles racionalmente armados, mas em função da subjetivação da consciência (fragmentada) das personagens.

Os tons excessivos, possibilitados por esses expedientes formais, procuram evidenciar a enormidade e a fragmentação do mundo moderno, seu tempo ritmado, sua maquinaria nervosa, sua pressa, e também seu ato esquartejador da realidade. A coisa se complica mediante a consciência de que esse mundo traz o signo da desvinculação poética entre o homem e o trabalho. Nesse sentido, Mário Pedrosa afirma:

> Desumanizado completamente o trabalho social, pouco a pouco, despoetiza-se, e o seu ritmo não é mais determinado pelo ritmo do esforço humano. Extravasando da medida do homem, cai sob as leis do ritmo mecânico. A sua abstrata exclusividade econômica passou a dominar de modo absoluto, indiferente à sorte, à vontade e aos dons pessoais do trabalhador, até transformar-se na abjeta escravização industrial do regime capitalista. É aqui que se apresenta, no desenvolvimento industrial moderno, o tremendo "paradoxo": o mais poderoso meio de libertação do homem da escravização à natureza, transforma-se no meio mais infalível de escravizar o homem, isto é, o operário, à sociedade, isto é, ao capital[5].

A negativa da poética do progresso não se faz no vazio, somente em função do que a cidade moderna apresenta de opressora na exterioridade, mas na ostentação do terrível que está em seu interior e em sua gênese: a opressão e a escravização de uma classe pela outra. O bonde será, para a subjetividade do narrador, um bicho engolidor de pessoas. Essa imagem subjetiva se constrói pela consciência objetiva do que ele simboliza (a exploração imperialista) e, portanto, pelo que ele tem, de fato, de engolidor.

Na primeira cena do romance, a operária "dá uma banana" para o bonde, e desde aí estabelece a relação do texto com a modernidade e com o ambiente do próprio texto: o ataque é uma defesa: "Defende a pátria!"

---

5. Mário Pedrosa, *op. cit.*, pp. 40-41.

Todo esse clima de grande painel faz o texto relacionar-se com um engajamento mural da pintura, da fotografia, do teatro, do cinema, do jornal e do panfleto. Mas é um romance, anuncia-se como romance e traz toda sua índole de resistência ao romance. E, evidentemente, não se pode destituí-lo das marcas que o fazem inserir-se de um modo ou de outro no gênero romanesco. Seu fundo vital é dramático e angustioso, pois o modo de construir-se é também o modo de sua desconstrução, o que lhe dá vida e forma é sua morte. Conclui-se como uma forma inacabada.

Nesse primeiro romance de Patrícia Galvão, todos os elementos de elaboração narrativa participam de um jogo de montagem e desmontagem das coisas. Do pequeno para o grande, do objetivo para o subjetivo, do inteiro para o pedaço, do feio para o belo, e vice-versa.

As tramas são em número excessivo, mas muitas delas não passam de fios soltos sem conclusão ou pequenas pinceladas deixadas nos cantos de uma pintura. E mesmo os enredos grandes, os principais, cujo começo, meio e fim podemos distinguir claramente e acompanhar, mesmo eles suportam uma grande carga de interrupção e de superposição que os deixa expostos a uma precariedade.

No entanto, é importante observar como esse aspecto fragmentário e de contraponto, inspirado na horripilante "verdade" do mundo moderno, acaba por criar um sentido de um organismo despedaçado mas vivo: um corpo estilhaçado mas, ainda assim, corpo.

Nesse sentido, introduzo aqui uma idéia que deverá ser aprofundada adiante: a de uma relação metafórica (e metalinguística) que existiria entre a elaboração do romance e o enredo da mulata Corina. Mais propriamente, entre o romance e o bebê de Corina: "– É um monstro. Sem pele. E está vivo!"

Obviamente, assim como a cena do nascimento do bebê sem pele, a idéia de relacioná-la ao exercício narrativo do romance de Pagu é assustadora. Ambos os eventos atuam no espaço da desmedida e mesmo do absurdo. Mas a idéia do "absurdo" e o que há por detrás dele é a que mais está em pauta nessa hipótese, e é o que nos instiga quando seguimos os enigmas da composição de *Parque Industrial*. Pois o conceito que nele repousa é o tema da "culpa".

Por hora, pensaremos nesse ser em carne viva do texto, que o faz, mesmo "sem pele", estar "orgânico" e "pronto" para seu destino romanesco. Este é o "novo" romance proposto por Pagu, que, como todo "novo", deverá conviver com a asserção segundo a qual, como Adorno nos lembra, não será necessariamente melhor do que o que veio antes. Mas é este o ponto: *Parque Industrial* parece não ter sido feito com o intuito de ser "melhor" ou "mais bem feito".

Parque Industrial serve-se do "espírito novo" e corruptor das vanguardas – particularmente, dos sopros vanguardistas de nosso Modernismo – para, a seu modo, dar um tratamento literário à matéria do cotidiano na modernidade. No entanto, este "novo" quer ir mais longe do que foi o novo recebido como herança, pois mesmo ele, como modelo puro, parece impróprio. Pagu bebe bastante das águas da *Paulicéia Desvairada* de Mário de Andrade, das *Novelas Paulistanas* de Alcântara Machado e do *Serafim Ponte Grande* de Oswald de Andrade. Mas não quer parar nelas. Afinal, o romance parece dar mostras de uma convicção de que o espírito novo das vanguardas já não é tão novo, e já se prenuncia como uma tradição. Pior ainda, trai os seus princípios de negação, ao ser assimilado, degustado pelas instituições e pelo mercado da arte.

Assim, existe um trabalho consciente do romance rumo à negação da própria tradição vanguardista e à modernista. O tom de crítica vê-se concretizado no próprio romance: "Nos salões dos ricos, os poetas lacaios declamam: – Como é lindo o teu tear!" (p. 7). "Dona Finoca, velhota protetora das artes novas, sofre os galanteios de meia-dúzia de principiantes" (p. 38).

Essa recusa às vanguardas artísticas e ao Modernismo, nos termos de *Parque Industrial*, pode ser bem compreendida no famoso prefácio de Oswald de Andrade (escrito em fevereiro de 1933) para seu *Serafim Ponte Grande*. Embora bem conhecido, não será demais repetirmos um trecho:

O movimento modernista, culminado no sarampão antropofágico, parecia indicar um fenômeno avançado. São Paulo possuía um poderoso parque industrial. Quem sabe se a alta do café não ia colocar a literatura nova-rica da semicolônia ao lado dos custosos surrealismos imperialistas?

Eis porém que o parque industrial de São Paulo era um parque de transformação. Com matéria-prima importada. Às vezes originária do próprio solo nosso. Macunaíma.

A valorização do café foi uma operação imperialista. A poesia pau-brasil também. Isso tinha que ruir com as cornetas da crise. Como ruiu quase toda a literatura brasileira "de vanguarda", provinciana e suspeita, quando não extremamente esgotada e reacionária. Ficou da minha este livro. Um documento[6].

Embora muito se valha da seiva vanguardista, em *Parque Industrial*, Pagu procura colocar-se a uma certa distância das vanguardas artísticas (particularmente do Movimento Modernista). E não é possível mesmo a associação simples e direta entre o experimentalismo de *Parque Industrial* e a "arte de vanguarda", sem que se problematize a relação.

Há o risco, por exemplo, barateando o significado histórico do vanguardismo, de vincular *Parque Industrial* a esse termo, por meio da imagem irreverente e de juventude da escritora. Segundo Enzensberger, um dos equívocos freqüentes diante da questão é justamente a interpretação do embate entre vanguarda e seus oponentes, como um embate entre o "novo" e o "velho", tornando-o um problema de "gerações", o que excluiria a esfera histórica da questão[7].

Isso pode ocorrer muito facilmente quando se trata de Patrícia Galvão. É comum que se busque para sua obra, de cunho experimental e revolucionário, uma explicação mediada pela simplificação teórica, colocando-a pura e simplesmente sob a égide da imaturidade juvenil, o que de pronto suprimiria a qualidade do esforço estético da artista, atribuindo caráter ingênuo à complexidade dessa escrita.

Outro cuidado que se deve ter, ao observar as relações de parentesco de *Parque Industrial* com as vanguardas, diz respeito à questão do lugar no mercado destinado a essa produção. Para Sanguinetti, por exemplo, há um elemento que ele chama "cínico" da arte de vanguarda em sua relação com as leis do mercado de arte. Haveria, segundo ele, historicamente identificável, um "duplo movimento interno na vanguarda", que consistiria no distanciamento do interesse de produção de matéria facilmente ven-

---

6. O. de Andrade, *Serafim Ponte Grande*, p. 11.
7. Cf. H. M. Enzensberger, *op. cit.*, pp. 51-52.

dável, em contraposição ao mercado da arte, mas ao mesmo tempo implicando a criação de um tipo de novo atrativo, que acabaria por tornar o material criativo mais competitivo. Ou, em suas palavras:

> A aspiração heróica e patética de um produto artístico não contaminado que possa fugir ao jogo imediato da oferta e da procura, que seja, em suma, comercialmente impraticável, e o virtuosismo cínico do persuasor oculto que introduz na circulação do consumo artístico uma mercadoria capaz de vencer, com gesto surpreendente e audaz, a concorrência enfraquecida e estagnada de produtores menos avisados e menos atrevidos[8].

Nesse caso, o principal opositor da arte de vanguarda seria o capitalismo pequeno-burguês, nostálgico e atrasado, enquanto a experimentação estética vanguardista, em busca de uma nova expressão artística, seria muito bem assimilada pelo que ele chama de "nível comercial imperialista" ou "neocapitalismo". Sanguineti também chama a atenção para a "garantia estética" que a parte cínica da atitude vanguardista conquistaria, ao simplesmente oferecer "mercadoria para a qual não existe procura reconhecida". Mas vender-se para o mercado da atualidade ou para o do futuro não alteraria a essência de mercadoria do material artístico.

Enzensberger, neste sentido, observa mesmo a criação de uma clientela ávida pelo consumo do "novo": "A expressão da não-simultaneidade do simultâneo é concretizada formando-se a clientela vanguardista que deseja ser servida com o novíssimo e exige *futuro como bem de consumo*" [grifo meu][9].

Se pensarmos nas vanguardas sob tal perspectiva, fica impossível ver o que Pagu faz em *Parque Industrial* nesse contexto. O romance aproxima-se, como já vimos, do impulso inovador voltado para a destruição do mundo burguês. Mas o "novo" sobre o qual Pagu procura operar não pressupõe o receptor ávido do mercado das artes do futuro.

A questão mercadológica, na verdade, acentua gravemente o impasse vivido pelo romance. Pois, muito longe de resolver o problema na base do

---

8. E. Sanguineti, "Sobre a Vanguarda", *Ideologia e Linguagem*, p. 57.
9. H. M. Enzensberger, *op. cit.*, p. 59.

"cinismo" mencionado por Sanguineti, a forma de *Parque Industrial* vem acrescida de mais esta recusa: a da inserção no mercado. E sofre ainda essa agressão, esse desmantelamento.

Oswald, no prefácio de *Serafim*, diz: "Do meu fundamental anarquismo jorrava sempre uma fonte sadia, o sarcasmo". O atributo sarcástico é um importante e forte tempero tomado da parte espinafradora do modernismo de Oswald de Andrade, de que *Parque Industrial* faz uso. Mas Patrícia Galvão o reserva para localizar o "homem rico" e para destituí-lo de sua "grandeza" e "dignidade", pensadas como puras roupagens.

Ao contrário das gravuras de Käthe Kollwitz, já referidas anteriormente, nas quais "o inimigo não figura", o texto de Patrícia Galvão faz questão de mostrá-lo e à sua deformação com cores berrantes, como os desenhos e as aquarelas de George Grosz. Mário Pedrosa compara o trabalho plástico de Kollwitz com "a violência cerebral e consciente da sátira de Grosz" da seguinte maneira: "Enquanto Kollwitz exprime o sofrimento das massas exploradas, Grosz escalpela a alma dos explorados, rasgando os olhos de todos os tumores daquelas cabeças de suínos e daquelas faces esclerosadas de mulheres"[10].

A zombaria, que é por si só um exagero, conta no romance de Pagu com o volume aumentado da hipérbole que, como se viu antes, é muito afeita à forma de *Parque Industrial*. No clima decadente, mas não ritualístico, do *deboche* sadeano, em que os burgueses se fecham no claustro para suas libertinagens e seus vícios, a narrativa expõe satiricamente a imagem fútil e vazia da classe opressora, dos exploradores da classe trabalhadora. O recurso literário é visivelmente expressionista e caricatural. Nesse contexto, não há resquício da mais leve profundidade das personagens, a não ser Alfredo, que é um caso muito especial e raro do "traidor de classe" (aquele que traiu a classe burguesa por quem foi traído). Em *Parque Industrial*, a face burguesa e da "aristocracia feudal" é uma só: do ridículo, que dá a ver sua crueldade e decadência. E o excesso dos modos de narrar de *Parque Industrial* casa-se bem com o fastio e o tédio dos ricos:

---

10. Mário Pedrosa, *op. cit.*, p. 54.

George Grosz, *Funcionário do Estado para a Pensão dos Mutilados de Guerra*, 1923. Óleo sobre tela, 115 x 80 cm.

Madame, enrijecida de elásticos e borrada de rímel, fuma no âmbar da piteira, o cigarro displicente (p. 15).

Lá dentro, na cidadela isolada do alto feudalismo brasileiro e no valhacouto que vive do suor destilado pelo Parque Industrial, há condes progressistas e reizinhos rurais casados com contrabandos da Migdal. Capitalistas seduzem criadas (p. 37).

A burguesia combina romances medíocres. Piadas deslizam do fundo dos almofadões. Saem dos arrotos de champanhe caro. O caviar estala nos dentes obturados (p. 38).

O investimento de *Parque Industrial* para a figuração da classe rica não se destina só a uma "esculhambação" caricatural, mas procura retirar das sombras as feições particulares de nosso capitalismo, demonstrando uma consciência aguda de como as relações estão dadas à época:

O capitalismo nascente de São Paulo estica as canelas feudais e peludas.

Decresce a mais-valia, arrancada por meia-dúzia de grossos papa-níqueis, da população global dos trabalhadores do Estado, através do sugadouro do Parque Industrial em aliança com a exploração feudal da Agricultura, sob a ditadura bancária do Imperialismo (p. 84).

As feições duras do texto neste momento lembram-nos os artigos de Pagu da seção "Mulher do Povo". É nesse sentido que *Parque Industrial*, algumas vezes, adere ao jargão partidário. E, ao cumprir sua "missão" pedagógica, fere gravemente seu atributo poético. E não há como resolver tal impasse, pois sua natureza convive com essa ambigüidade (como a história do escorpião que precisa do elefante para atravessar o rio e, no meio do caminho, pica o elefante. Antes de morrer envenenado, o elefante pergunta ao escorpião por que motivo ele o picou, já que sua morte implicará também a morte do escorpião. Antes de afundar, o escorpião explica que aquela é a sua natureza).

As tramas dos ricos não andam em *Parque Industrial*. São fixas, como quadros, como amostragens das qualidades terríveis da classe opressora.

Individualizar essa face, para aprofundar o foco narrativo e "salvar" este aspecto da forma de romance, não é uma possibilidade viável para Pagu.

Falando sobre o conceito de "totalidade" na dialética marxista, Leandro Konder diz:

> Alguém observa que o capitalista X é um homem generoso, progressista, sinceramente preocupado com seus operários. Essa observação pode ser correta. No entanto, é necessário entendê-la dentro do seus limites, para não perdermos de vista o fato de que ela nunca pode ser usada para pretender invalidar outra observação mais abrangente: a de que o sistema capitalista, por sua própria essência, impele os capitalistas, em geral, quaisquer que sejam as qualidades humanas deles, a extraírem mais-valia do trabalho de seus operários.
>
> A visão de conjunto – ressalve-se – é sempre provisória e nunca pode pretender *esgotar* a realidade a que ele se refere. A realidade é sempre mais rica do que o conhecimento que a gente tem dela[11].

O tema de *Parque Industrial* está na esfera "macro" da questão social. Fecha os ouvidos aos dramas interiores das mulheres gordas que enchem as bocas de caviar e de risadas nas reuniões sociais, enquanto Didi passa fome "– Aí vem a Didi! Você viu a criança dela, que mirrada! A preta deformada aparece com o filho cinzentinho. Uma teta escorrega da boquinha fraca, murcha, sem leite" (p. 94) ou dos jovens que abusam sexualmente das operárias.

Há espaço para o aprofundamento de apenas um personagem do "lado rico": Alfredo. Ele ganha história e "psicologia" (nos termos do romance de Pagu), pois representa o esforço de um burguês para proletarizar-se, malgrado o "fracasso" do esforço.

Mas o fracasso de Alfredo, é interessante frisar, não é apontado pelo foco narrativo, mas por um "comitê secreto" do Partido, que o acusa de traição e exige que Otávia deixe o companheiro traidor. Antes disso, Otávia pensa nos "desvios" de Alfredo como "naturais e insignificantes" (p. 131). Constrangida, no entanto, a "ver" e reagir, ela cede mortificada:

> Otávia está gelada. Os acusadores apontam fatos inflexíveis. Desvios. Personalismo. Erros. Todos a fitam diante das provas concretizadas. [...]

---

11. L. Konder, "A Totalidade", *O que é Dialética*, p. 160.

O comitê secreto espera uma palavra dela.

Ela tem a cabeça fincada nos joelhos. Mas o silêncio e a expectativa a interpelam.

Levanta-se. Os seus olhos refletem uma energia penosa.

– Todos os camaradas sabem que ele é o meu companheiro. Mas se é um traidor, eu o deixerei. E proponho a sua expulsão do nosso meio! (p. 132).

O tema amoroso, inserido pela trama de Otávia e Alfredo, tem seu fim trágico, fruto dessa verdadeira inquisição praticada pelo Partido Comunista; o que sugere já uma consciência crítica do romance engajado de Pagu aos métodos do PC (no qual ela militava desde 1931).

Falando de Pagu e de sua opinião a respeito do Manifesto assinado por Breton e Trótski em 1938, por uma arte revolucionária independente, Edmundo Moniz, em entrevista, dá o seguinte depoimento:

Ela tinha tido uma experiência muito forte dentro do modernismo que veio de 1922, inclusive porque ela foi casada com Oswald de Andrade. Tinha militado no Partido Comunista e tinha se desiludido com ele, no Brasil e na França. Tinha sido presa lá e aqui. De repente ela foi vendo que o Partido Comunista defendia o realismo socialista e levava uma política que era a negação de tudo o que ela era e fazia. Do ponto de vista da arte, ela era suficientemente emancipada também e não podia jogar fora todo o seu passado. Ela sabia que o conservadorismo na arte era sua contraparte da reação política do PC sob o stalinismo. Por isso foi das pessoas que mais se bateu contra o realismo socialista, escrevendo apaixonadamente muitas crônicas na *Vanguarda*, que eram verdadeiros manifestos contra o stalinismo[12].

Edmundo está falando da Pagu de 1945; no entanto, é fácil ver que a reação do espírito independente da autora de *Parque Industrial* já mostra seu desconforto com o PC na cena, pelo menos "ambígua", que dá o desfecho à trama de Otávia e Alfredo. Se não há uma desaprovação escancarada, não há também o entusiasmo costumeiro. O narrador omite-se discre-

---

12. A entrevista para o Cemap está reproduzida no livro organizado por Valentim Facioli, *Breton-Trótski: Por Uma Arte Revolucionária Independente*, p. 132.

tamente, o que não é comum para os seus modos exagerados. Há um constrangimento narrativo evidente.

E não só o amor de Otávia e Alfredo estará fadado ao fracassso. Os destinos dos principais enredos de *Parque Industrial*, todos eles, caminham em direção à derrocada, à infelicidade, à impossibilidade.

Fragmentada entre as personagens principais de *Parque Industrial*, pode-se perceber a forte presença de uma *persona* autoral. E, se houver alguma verdade na relação que se costuma fazer entre as obras literárias e elementos biográficos de autoria, no caso de Pagu, que era uma "espécie de surrealista não só nas idéias como também na conduta pessoal"[13], isso não poderia ser muito diferente.

Patrícia Galvão, ao longo de sua carreira de escritora, usou muitos heterônimos: Pagu, Mara Lobo, Solange Sohl, Gim, King Shelter, entre outros. Não é estranho pensar, também por esse lado, na hipótese do movimento de divisão de personalidade da entidade autoral de *Parque Industrial*.

Aceitando tal hipótese, a exposição da autora no seu primeiro romance é grande: Rosinha, Otávia, Matilde, Eleonora e, mais dramaticamente, Corina seriam modulações do rosto desta "persona" da autoria.

Poder-se-ia dizer, então, que os fracassos dos enredos femininos de *Parque Industrial* estariam divididos (ou somados) na realização da escritura do romance *Parque Industrial*?

E se pensarmos ainda no malogro do próprio enredo proletário? Ele é o enredo maior da obra, a trama imanente ao romance e é a expressão do desamparo do proletário no Brasil. A greve acaba, com a prisão de Otávia, a expulsão de Rosinha Lituana e com a morte trágica do "companheiro" Alexandre. E, mesmo que a bandeira vermelha desça "para se levantar nas barricadas de amanhã", esse sopro de esperança é de fato muito pequeno para o cenário do grandioso de *Parque Industrial*.

Em linhas gerais, as trajetórias das tramas do romance dão-se do seguinte modo:

Há os enredos múltiplos do romance, pequenos, pululantes, sem continuidade: as italianinhas nas ruas, as operárias nos teares, nas latrinas da

---

13. Nas palavras de Edmundo Moniz, na entrevista já citada, p. 131.

fábrica, os moradores no cortiço, os rapazes que passam olhando as moças, os garotos que brincam, as meninas que cochicham, as prostitutas, os professores, os vagabundos, as enfermeiras, às vezes nomes citados uma só vez para nunca mais. São o mundo, com sua cor vibrante, sangüínea. Estes enredos moram no fragmento, e sua unicidade é a de uma voz coletiva: a aparência de mural do romance vem deles.

O grande enredo proletário começa na fábrica, numa conversa no almoço em que "Rosinha Lituana explica o mecanismo da exploração capitalista" (p. 9). Ele vai passando por um movimento de organização, de adesão, dividindo espaço com os enredos pessoais: a sessão de um sindicato regional; a "festa" da greve; a prisão dos envolvidos; os sinais de adesão crescente (Alfredo, Matilde); a agitação na rua; até o comício no Largo da Concórdia, em que se dá o confronto com a polícia fortemente armada e a morte de Alexandre.

Rosinha Lituana é a imagem idealizada pela autoria, associada à personagem histórica de Rosa de Luxemburgo. Ela é uma imigrante da Lituânia, que muito cedo se conscientizou na luta organizada e que, desde então, manteve uma conduta revolucionária irrepreensível: é a heroína "quase" nos moldes do "herói do trabalho", mas mostra uma fragilidade, que reside, de certo modo, na memória do passado e na reflexão emotiva sobre seu futuro. O estatuto da dúvida e da amargura que o plano emocional insere em seu enredo debilita a personagem, mas será ao mesmo tempo sua grandeza. O encaminhamento de sua história em *Parque Industrial* leva-a à prisão e à expulsão do país. O correspondente masculino de Rosinha parece ser Alexandre, o negro que traz no corpo a marca histórica da escravidão: "Um proletário que tem no peito cicatrizes de chibata, detém a bandeira vermelha" (p. 135).

Otávia é a personagem que atua na esfera da emoção. Seu humanismo proletário habita o campo semântico da solidariedade. É ela quem sempre se mostra emocionalmente preocupada com os outros, no âmbito íntimo de seus dramas pessoais: acolhe Corina, preocupa-se com Matilde, com Didi, encanta-se com Alexandre e ama... Ela e Alfredo são os únicos que amam em *Parque Industrial*. E seu enredo, ao concluir-se na impossibilidade da realização do amor, expõe um grave conflito pessoal que de fato está relacionado muito fortemente ao caráter autoritário e moralista já pressentido pela autora de certa instância de organização partidária. Alfredo, seu amado, seu companheiro, é o contraponto masculino da trama de Otávia.

Matilde e Eleonora trazem ao romance o ambiente da pequena burguesia. A Escola Normal (que Pagu conheceu bem) é o palco desta trama. No entanto, as duas terão destinos opostos. A ingênua Matilde decairá socialmente, indo morar no cortiço e trabalhar na Fábrica. Sua decadência e afastamento serão de fato o que permitirá sua proletarização.

Enquanto isso, Eleonora, ao se casar com Alfredo, entrará para o mundo dos ricos, onde freqüentará as reuniões sociais desse grupo (ambiente também conhecido por Pagu) e levará ao extremo a assimilação das taras da classe burguesa. Conhecerá a decadência e a deterioração pessoal.

A história de Corina é, sem sombra de dúvida, o enredo mais poderoso do romance. Sendo o fundo do poço, o lugar de asfixia e de terror, é o mais vigoroso fato narrativo de *Parque Industrial* e detém o ponto mais central, mais crucial do desabamento, da "ruína", do romance.

Seus tons são do excessivo e do desmantelo no grau máximo, desde sua primeira aparição: na boca farta de beijos, no largo cinto verde, no vestido vermelho, nos rasgões das meias, nos saltos descomunais (p. 14). Daí por diante, a ampliação só será reforçada. Cada vez mais.

Desde o começo, tudo o que cerca Corina já é desmesurado, como seu padrasto Florino, com o ventre enorme, as mãos nodosas. Mas, à medida que seu drama pessoal se complica, o mundo à sua volta vai pouco a pouco, como numa lente de aumento, ampliando a realidade até o nível da distorção, da visão do caos e do absurdo. Depois de ficar grávida e ser abandonada pelo "namorado", Corina chamará mais e mais para a narrativa a deformação expressionista: as mulheres são sempre *gordas* à sua volta, *aleijadas*, uma *corcunda*. São *tentáculos* de um *preto gigante* que se enroscam em seu corpo *deformado* pela gravidez. Na sala indigente da "casa de parir", Corina tem seu filho e esse é o momento de maior horror e absurdo expressivo:

> Lá no fundo das pernas um buraco enorme se avoluma descomunalmente. Se rasga, negro. Aumenta. Como uma goela. Para vomitar de repente, uma coisa viva, vermelha.

A enfermeira recua. A parteira recua. O médico permanece. Um levantamento de so-
brancelhas denuncia a surpresa. Examina a massa ensangüentada que grita sujando a colcha.
Dois braços magros reclamam a criança.

– Não deixe ver!

– É um monstro. Sem pele. E está vivo!

– Esta mulher está podre...

Corina reclama o filho constantemente. Tem os olhos vendados, o chorinho do
monstro perto dela (p. 71).

É assim, neste fundo negro e tenebroso, que mora o máximo e o "absurdo" de *Parque Industrial*. Nele, a visão do caos está dada no romance.

Neste ponto, do máximo e do absurdo, volto à idéia de "culpa" a ele
relacionada, numa conjectura.

Gerd Bornheim, refletindo sobre o estilo expressionista, diz:

O teatro expressionista pode ser visto como expressão maior de uma desmedida
decorrência de qualquer coisa como a visão do caos; o sentimento do sem-sentido seria
instaurador da desmedida. Acontece que tais coordenadas apenas põem de manifesto a
intensidade com que o expressionismo se aventura até o cerne das coisas. E é interessante salientar que, até este ponto de vista, nada há de novo sob o sol: na época "filosófica"
da tragédia grega topamos com a "mesma" problemática. Sófocles sabia o que era a desmedida, e seu saber estribava-se precisamente na visão do absurdo: é nele que a desmedida encontra a sua raiz possibilitadora. Não é por menos que o nascimento da tragédia
grega viria propiciar, quase que ao mesmo tempo, a primeira e única interpretação antiga
da tragédia, em seu sentido radical, na filosofia pré-socrática (ainda que os seus filóso-
fos, tanto quanto se vê, nem sequer usassem a palavra tragédia nem pensassem em interpretá-
la – ou sim?); tudo repousaria sobre uma culpa originária. Não interessa aqui entrar na
elucidação desse precioso tema; limito-me a salientar que a mesma temática depara-se-nos
no expressionismo. Evidentemente, as diferenças não deixam de ser até mesmo abissais,
a começar já por um ponto que parece ser a matriz de todas as diferenças: e é que, na Grécia,
a experiência da culpa apresenta caráter originário [...] E agora, com o expressionismo,
aquela experiência se faz escatológica, ela oferece o sabor dos fins de capítulo[14].

14. G. Bornheim, *op. cit.*, pp. 32-33.

Em verdade, o acontecimento da culpa nunca esteve muito distante do escritor. O que vem a seguir está em Bataille. Segundo ele, "o escritor autêntico ousa fazer o que contraria as leis fundamentais da sociedade ativa", "o escritor sabe que ele é culpado"[15].

Mas, em Pagu, a culpa se faz dramática, numa exposição quase insuportável, até para o leitor. Desponta num buraco negro, entre as pernas de Corina: lá está a parte nuclear de seu romance, seu ser-ou-não-ser, a prova de seu crime, sua essência inorgânica, como uma massa sangüínea e sem pele, mas viva. Tem nervos, pois chora, mas não pode viver por não ter a cobertura que lhe daria a inteireza. Seu inacabamento é fruto de uma série de golpes mortais.

O pobre e frágil bebê sem pele de Corina, que não pode permanecer vivo pela impossibilidade de contato com o mundo exterior, parece existir em *Parque Industrial* não só como metáfora do próprio romance de Pagu.

Imagem de uma essência violentada em seu nascedouro – do descarne de um corpo infantil causado por incessantes golpes externos, de um estado de infância abortado em sua origem, de uma esperança traída, enfim, de um absurdo e de uma culpa sem tamanho – o natimorto bebê da mulata de *Parque Industrial* parece estar lá como emblema desse proletário desprotegido, abandonado; e de sua consciência sem pele, impossibilitada da comunicação com a realidade que a cerca.

Será este o sentido da superposição de derrotas? Dessa relação culpada que compromete as tramas, a elaboração da escrita e a consciência autoral?

A cumplicidade armada pela autora entre as esferas de sua obra e do que ela toca parece procurar a contaminação e o comprometimento de todos.

Ela talvez realize com isso mais uma transgressão autoral, e mais um ato estético de fragmentação, de experimento e de engajamento: ensaiando uma prática de cortar este seu objeto estético do fracasso e dividir as partes do bolo culpado entre o próprio objeto, o artista, o leitor, a crítica e, quem sabe, a sociedade.

---

15. G. Bataille, *A Literatura e o Mal*, p. 185.

V

Parque Industrial:
Qual sua Relevância Hoje?

> *A estatística e a história da camada humana que sustenta o parque industrial de São Paulo e fala a língua deste livro, encontram-se, sob o regime capitalista, nas cadeias e nos cortiços, nos hospitais e nos necrotérios.*

> *Parque Industrial*, 1933

> *Mas o assunto aqui é o crime, eu vim aqui por isso... [...]*
> *Poesia, minha tia, ilumine as certezas dos homens e os tons de minhas palavras. É que arrisco a prosa mesmo com balas atravessando os fonemas.*

> *Cidade de Deus*, 1997

Voltando a um texto já mencionado anteriormente, de 1987, no qual Roberto Schwarz se dedica à reflexão sobre a peça *Santa Joana dos Matadouros*[1], de Bertolt Brecht, encontramos um trecho em que o crítico procura demonstrar a atualidade da obra do dramaturgo alemão:

Hoje o ponto de vista dos trabalhos volta a integrar – e perturbar, pela natureza das coisas – o nosso espectro político legal. Ora, como nenhum outro, o teatro de Brecht fixou as dissonâncias e contorções que transfiguram a cultura burguesa sempre que os explorados têm a palavra, a qual por sua vez é interesseira, contraditória, inautêntica, frusta etc., pois o autor não é populista. É certo que a Alemanha de Weimar não é o Brasil da abertura, mas este quadro, com os esvaziamentos e as relativizações que ocasiona, está na ordem do dia entre nós (p. 88).

Pensemos agora na escrita de Patrícia Galvão e no que ela teria a dizer hoje, em como relacioná-la aos tempos atuais (que já não são mais os do processo de "abertura" de que fala Schwarz), e no sentido, na relevância de colocarmos em questão seu "romance-proletário".

1. R. Schwarz, "A Santa Joana dos Matadouros", *Que Horas São?*, pp. 87-115.

A importância e a atualidade do romance complicado de Pagu parece relacionar-se sobretudo às questões que ele deixou no ar e que não foram respondidas, ou, melhor, àquilo que ele continua a reclamar até hoje da literatura... Mas o que *Parque Industrial* estaria ainda hoje a invocar? Compromisso? Coragem? Exposição?

E qual seria hoje a literatura, o romance que estaria disposto a correr o risco do fracasso como objeto literário? Qual literatura pelo menos nos faria lembrar da índole de desassossego de *Parque Industrial*?

O fragmento final do *Parque Industrial* de Patrícia fez dos vagabundos da história os senhores de cena: Corina e Pepe. A percepção da precariedade da situação do proletário no Brasil e de sua crescente desproletarização e marginalização é o ponto final do livro.

Associada à consciência da autoria em relação à linha tênue que separa o proletário do lúmpen, e que pode sempre ser transposta, de um lado para o outro; consciência expressa já na epígrafe do romance: "A estatística e a história da camada humana que sustenta o parque industrial de São Paulo e fala a língua deste livro, encontram-se, sob o regime capitalista, nas cadeias e nos cortiços, nos hospitais e nos necrotérios". Parece haver, nesse amargurado desfecho do romance de Pagu, uma ênfase na visão do trabalhador rumo ao destino da desproletarização máxima. Seria essa a matéria histórica a ser trabalhada pela literatura "engajada" dos tempos vindouros?

Num texto que trata da relevância hoje do *Manifesto Comunista*, James Petras afirma que "A lógica interna de desigualdade, pobreza, exploração desenfreada e dominação unilateral que Marx faz da análise histórica do capitalismo atingiu o ápice nos anos 90". Depois diz:

> O desenvolvimento da força de trabalho na selvageria do Terceiro Mundo, sob a égide da internacionalização do capital não tem levado a maior consciência de classe [...] ao contrário, tem quebrado os laços das classes existentes e criado mais diferenças e servidão[2].

---

2. James Petras, "O *Manifesto Comunista*: Qual a Sua Relevância Hoje?", em *Manifesto Comunista*, Boitempo Editorial, 1998, pp. 239-254.

No novo contexto, no qual a matéria de uma literatura interessada e humanista deve tocar o homem abandonado e marginalizado, haverá alguma voz que "chame para a briga", como Pagu fez na sua época, e encare, num romance, o problema do tema da marginalidade e do crime?

Em nota não assinada do jornal *O Globo*, em 21 de agosto de 1997, está escrito:

> As primeiras notícias de que um "autor favelado" estava se preparando para entregar seus originais à Cia. das Letras causaram bochicho nos meios literários. A acolhida calorosa, de primeira hora, vinda de um crítico do calibre de Roberto Schwarz só fez aumentar a polêmica. [...] Os entusiastas de primeira hora idealizaram Paulo Lins como um autor ingênuo, [...]. Os detratores condenavam, também afoitamente, o que seria uma cooptação populista da crítica com um autor das "classes populares" e de valor estético discutível.
>
> O preconceito não escolhe lado e Paulo Lins, o escritor [...] está aí para mostrar que os fãs e críticos potenciais estão equivocados.

A polêmica em torno do romance *Cidade de Deus*, de Paulo Lins, prosseguiu, alcançando o âmbito da crítica literária no jornal.

Este romance ambientado na favela e que focaliza o marginal e o crime é o "novo" romance de nossa literatura "interessada", penso eu. Seu autor nasceu na favela mas freqüentou a universidade. E reveste seu trabalho de prosa de um caráter científico para preservá-lo da ruína e da desqualificação sumária.

Paulo Lins deu uma palestra no Centro Cultural Banco do Brasil, cujo tema da sessão era "Literatura e Romance-reportagem".

Por sua vez, Davi Arrigucci o vê como documento. Ao refletir sobre a literatura atual no Brasil, o estudioso diz: "O que parece ter maior mérito vale como documento – é o caso de Paulo Lins – mas, a meu ver, ainda não chegou à arte"[3]. E, na própria orelha do livro, Alba Zaluar chama *Cidade de Deus* de romance etnográfico.

---

3. Davi Arrigucci Jr., "O Sequestro da Surpresa", *Folha de S. Paulo*, Jornal de Resenhas, 11 abr. 1998.

A mediação do caráter científico e de reportagem pode facilitar o distanciamento do horror suscitado pela matéria que o leitor terá de enfrentar e, conseqüentemente, amenizar a culpa de todos. Mas o grande problema da forma foi lançado, mesmo que a questão mercadológica esteja assentada (já que o romance é "etnográfico", trata "cientificamente" o problema da violência e do crime e tem uma publicação de alto nível gráfico, por uma das maiores editoras nacionais).

Schwarz afirma que "significativa em si mesma, essa recombinação de fatores tem um tom próprio, que no conjunto funciona vigorosamente, embora destoando da 'prosa bem feita' "[4].

Não se pode afiançar taxativamente, é óbvio, que *Cidade de Deus* seja um romance tributário de *Parque Industrial*, ou o seu correspondente na atualidade. Há muitas aproximações possíveis entre os dois romances, ainda que tudo dentro de cada um deles seja bem diferente. E há visivelmente uma continuidade do problema crucial de representação artística na mesma linha, de certo modo, do problema de *Parque Industrial*, que envolve a fala do "outro", o "engajamento", o experimento, o problema de adequação ao gênero.

E não podemos esquecer que a cena mais terrível de *Cidade de Deus* é o esquartejamento de um bebê vivo, motivada por um ciúme insano: seria esta a metáfora da irracionalidade e da culpa na atualidade?

De todo modo, o que se deve ter em mente, ao estabelecermos relações entre o romance engajado e experimental da extraordinária escritora Patrícia Galvão e outras obras, é a motivação de *Parque Industrial*, fundada mais no compromisso com o tema que abraça do que propriamente com a inteireza de sua forma literária, como se o romance disesse: "– Eu não estou aqui pela literatura..."

Por isso, chama-nos muito a atenção o livro de Lins quando diz, a um certo momento: "Mas o assunto aqui é o crime, eu vim aqui por isso..."

---

4. Roberto Schwarz, "Uma Aventura Artística Incomum", *Folha de S. Paulo*, Caderno Mais!, 7 set. 1997.

Bibliografia

Obras de Patrícia Galvão

Romances

GALVÃO, Patrícia (como Mara Lobo). *Parque Industrial: Romance Proletário.* Alternativa, 1981 (edição fac-similar da 1ª ed. de 1933).
GALVÃO, Patrícia (Pagu). *Parque Industrial.* Porto Alegre/São Paulo, Mercado Aberto/EDUFSCar, 1994.
GALVÃO, Patrícia; FERRAZ, Geraldo. *A Famosa Revista.* In: *Dois Romances.* Rio de Janeiro, José Olympio, 1959.

Contos

GALVÃO, Patrícia (como King Shelter). *Safra Macabra. Contos Policiais.* Introdução de Geraldo Galvão Ferraz, Rio de Janeiro, José Olympio, 1998.

Manuscritos

GALVÃO, Patrícia; ANDRADE, Oswald. *O Romance da Época Anarquista ou Livro das Horas de Pagu que São Minhas.* 1929-1931. (Diário publicado em parte no livro organizado por Augusto de Campos, *Pagu. Patrícia Galvão. Vida-Obra,* São Paulo, Brasiliense, 1982, pp. 63-78).
GALVÃO, Patrícia. *O "Álbum de Pagu" ou Pagu – Nascimento Vida Paixão e Morte,* 1929 (publicado posteriormente nas revistas *Código* (2), Salvador, 1975 e *Através* (2), São Paulo, Duas Cidades, 1978 e parte no livro organizado por Augusto de Campos, *Pagu. Patrícia Galvão. Vida-Obra,* São Paulo, Brasiliense, 1982, pp. 45-59).

Artigos e Crônicas

Na seção "Mulher do Povo" do jornal O Homem do Povo

"Maltus Alem". (1), São Paulo, 27 mar. 1931.
"A Baixa da Alta". (2), São Paulo, 28 mar. 1931.
"Na Garupa do Principe". (4), São Paulo, 2 abr. 1931.
"Liga de Trompas Catholicas". (5), São Paulo, 4 abr. 1931.
"Saibam ser Maricons". (6), São Paulo, 7 abr. 1931.
"Guris Patri-Opas". (7), São Paulo, 9 abr. 1931.
"Normalinhas". (8), São Paulo, 13 abr. 1931.

No jornal A Noite (sob o pseudônimo de Ariel)

Reportagem de primeira página, São Paulo, 22 ago. 1942.
"Cante, Poeta". São Paulo, 26 ago. 1942.
"Mixigne". São Paulo, 8 set. 1942.
"Algures". São Paulo, 26 set. 1942.

No jornal Vanguarda Socialista

"O Carinhoso Biógrafo de Prestes". I (1), Rio de Janeiro, 31 ago. 1945.
"A Vontade de Servidão". I (2), Rio de Janeiro, 7 set. 1945.
"Literatura Oportunista". I (3), Rio de Janeiro, 14 set. 1945.
"Pequeno Préfácio a um Manifesto". I (5), Rio de Janeiro, 28 set. 1945.
"A Sementeira da Revolução". I (6), Rio de Janeiro, 5 out. 1945.
"Problemas da Crítica". I (7), Rio de Janeiro, 12 out. 1945.
"Em Defesa da Pesquisa". I (9), Rio de Janeiro, 26 out. 1945.
"Influência de uma Revolução na Literatura". I (11), Rio de Janeiro, 9 nov. 1945.
"Elogio e Defesa de Ignazio Silone". I (12), Rio de Janeiro, 16 nov. 1945.
"Sérgio Milliet e o Papel do Intelectual". I (15), Rio de Janeiro, 7 dez. 1945.
"Casos de Poesia & Guerra". I (17), Rio de Janeiro, 21 dez. 1945.
"O Pensamento de Lima Barreto". I (18), Rio de Janeiro, 28 dez. 1945.
"Um D.I.P. Internacional: vem da Rússia a proposta contra a liberdade de expressão". I (18),
    Rio de Janeiro, 28 dez. 1945.
"Linha do Determinismo Histórico-Literário do Ano Novo". I (19), Rio de Janeiro, 4 jan. 1946.
"Algo sobre Literatura e Revolução". I (20), Rio de Janeiro, 11 jan. 1946.
"O Tempo Pobre, o Poeta Pobre". I (22), Rio de Janeiro, 25 jan. 1946.
"As Várias Notícias de Várias Coisas". I (24), Rio de Janeiro, 8 fev. 1946.
"Poeta da 'A Rosa do Povo' ". I (25), Rio de Janeiro, 15 fev. 1946.
"Explicação Necessária com o seu quê de Importante". I (28), Rio de Janeiro, 8 mar. 1946.
"Um Manifesto aos Escritores". I (31), Rio de Janeiro, 29 mar. 1946.
"Descaminhamento Onde Vai Parar I". I (33), Rio de Janeiro, 12 abr. 1946.
"Descaminhamento Onde Vai Parar II". I (34), Rio de Janeiro, 19 abr. 1946.

"Parêntesis no Descaminhamento". I (36), Rio de Janeiro, 3 maio 1946.
"Fala o Destempero da Náusea". I (39), Rio de Janeiro, 24 maio 1946.
"Um Debate sobre o Existencialismo". II (50), Rio de Janeiro, 9 ago. 1946.

No jornal Diário de São Paulo

"Cor Local". São Paulo, 24 nov. 1946.
"Cor Local: Ainda o Pleito, os Concursos, USA e o "Romance Social". São Paulo, 2 fev. 1947.
"Cor Local: Depois de Amanhã Mário de Andrade". São Paulo, 23 fev. 1947.
"Cor Local: Vivo e é Doce, Doce e Leve". São Paulo, 27 abr. 1947.
"Cor Local: Despedidas de Junho, Mês das Crianças, Balões, Chuvas de Ouro e Prata, Noites". São Paulo, 29 jun. 1947.
"Cor Local: Carta Aberta aos Palhaços". São Paulo, 9 nov. 1947.

Com Geraldo Ferraz, no suplemento literário de domingo do Diário de São Paulo

"Antologia da Literatura Estrangeira: James Joyce, Autor de 'Ulysses'". São Paulo, 2 fev. 1947.
"Contribuição ao Julgamento do Congresso de Poesia". São Paulo, 9 maio 1948.
"Antologia da Literatura Estrangeira: Guillaume Apollinaire". São Paulo, 18 maio 1947.
"Há Cinqüenta Anos, a 9 de Setembro Desaparecia Mallarmé". São Paulo, 5 set. 1948.

No jornal Fanfulla

"Contornos e Desvãos de um Panorama Sumário". São Paulo, 15 out. 1950.
"Lívio Abramo, um Prêmio Merecido – Camargo Guarnieri, um Manifesto Antidodecafônico". São Paulo, 19 nov. 1950.
"Ainda o Dodecafonismo e Guarnieri – Fayga, Caribé e Fernando Pessoa". São Paulo, 26 nov. 1950.
"Um Debate que Promete, um Salão de Propaganda, Minutos da Minha Hora de Saudade e a Bienale". São Paulo, 3 dez. 1950.
"Tarsila do Amaral vai nos Devolver Alguma Coisa nos Dias Idos e Vividos, em sua Mostra Retrospectiva". São Paulo, 10 dez. 1950.
"Stravinski no Rio, 'O Anjo de Sal', um Congresso e Apelo ao Mecenas da Pintura". São Paulo, 1 abr. 1951.
"Antologia de Sílvio Romero no Sábado, Contos de um Mestre e a Arquitetura". São Paulo, 22 abr. 1951.
"Crônica de Só Poesia em Torno dos 50 Anos de Murilo Mendes". São Paulo, 6 maio 1951.
"Cícero Dias, o Pernambucano que Volta a Expor em São Paulo". São Paulo, 14 out. 1952.
"Sobre as Obras de João Ribeiro Editadas nas Publicações da Academia de Letras". São Paulo, 27 maio 1953.

No Suplemento de A Tribuna, de Santos

"Ionesco". Santos, 31 jul. 1955.

"Teatro Universitário e Pesquisa". (3), Santos, 14 abr. 1957.

"'O Auto da Compadecida'". (28), Santos, 6 out. 1957.

"O Teatro de Bauhaus na IV Bienal". (29), Santos, 13 out. 1957.

"Ionesco, Incrivelmente entre Nós". (30), Santos, 20 out. 1957.

"Espetáculos de Vanguarda". (40), Santos, 29 dez. 1959.

"A Compadecida". (41), Santos, 5 jan. 1958.

"Brecht Invade o Brasil". (75), Santos, 31 ago. 1958.

"Vanguarda e Ionesco – I". (82), Santos, 19 out. 1958.

"Vanguarda e Ionesco – II". (83), Santos, 26 out. 1958.

"Festival e Ionesco". (91), Santos, 21 dez. 1958.

"Encontro com Ionesco e Luis de Lima". (93), Santos, 4 jan. 1959.

"Ouvindo Luis de Lima". (94), Santos, 11 jan. 1959.

"Na Vanguarda da Dramaturgia, o Teatro de Arrabal". (96), Santos, 25 jan. 1959.

"Ainda a Vanguarda". (104), Santos, 22 mar. 1959.

"Em Torno de Uma Diretriz". (106), Santos, 5 abr. 1959.

"Bate-Papo no Mar". (113), Santos, 24 maio 1959.

"Boal. o 'Teórico'". (120), Santos, 12 jul. 1959.

"Ainda o Nacionalismo". (121), Santos, 19 jul. 1959.

"'Fando e Lis'". (127), Santos, 30 ago. 1959.

"'Gimba' Made in Brazil". (129), Santos, 13 set. 1959.

"Que É Afinal Vanguarda?". (136), Santos, 1 nov. 1959.

"'Mise en Scène' de Vanguarda". (142), Santos, 13 dez. 1959.

"Amanhã, em São Paulo, 'Fando e Lis' e o GET". (149), Santos, 31 jan. 1960.

"O Autor de 'Chapetuba'". (150), Santos, 7 fev. 1960.

"'O Rinoceronte' de Ionesco". (152), Santos, 21 fev. 1960.

"Meditações e Debates: A Filha de Rappaccini". (153), Santos, 28 fev. 1960.

"Um 'Bravo' aos 'Independentes'". (158), Santos, 24 maio 1960.

"Assis, uma Platéia Altamente Sensível". (161), Santos, 24 abr. 1960.

"Poemas a Encenar". (171), Santos, 3 jul. 1960.

"Ionesco, Sartre e o Teatro Dirigido". (184), Santos, 2 out. 1960.

"Ainda Ionesco". (185), Santos, 9 out. 1960.

"Revolução". (189), Santos, 6 nov. 1960.

"Música no Teatro". (193), Santos, 4 dez. 1960.

"Rappaccini Daughter". (194), Santos, 11 dez. 1960.

"Amanhã, 'A Filha de Rappaccini'". (195), Santos, 18 dez. 1960.

"Aspectos de um Balanço". (202), Santos, 5 fev. 1961.

"In Memoriam Lorca". (223), Santos, 2 jul. 1961.

"Palcos e Atores". (229), Santos, 13 ago. 1961.

"'Apague Meu Spot-Light' ou o Direito à Pesquisa". (235), Santos, 24 set. 1961.

"Às Vésperas de Viagem Predomina a Perspectiva". (238), Santos, 15 out. 1961.

"Visita à VI Bienal". (239), Santos, 23 out. 1961.

Na seção "Literatura" do jornal A Tribuna, de Santos (sob o pseudônimo de Mara Lobo)

"Imprescindível a Leitura". (2), Santos, 7 abr. 1957.

"Um Romance Brasileiro Básico: 'Memórias de um Sargento de Milícias' ". (8), Santos, 19 maio 1957.

"Por que Ler Machado de Assis". (9), Santos, 26 maio 1957.

"Imprescindível no Naturalismo Brasileiro". (10), Santos, 2 jun. 1957.

"Raul Pompéia e o Romance 'O Ateneu' ". (11), Santos, 9 jun. 1957.

"Após um Balanço". (18), Santos, 28 jul. 1957.

"Origens da Literatura Moderna Brasileira". (19), Santos, 4 ago. 1957.

"Origem da Literatura Moderna nas Idéias do Século XX: Sobre a Didática Elementar". (20), Santos, 11 ago. 1957.

"Sobre a Didática Elementar: Modernos e Contemporâneos". (22), Santos, 25 ago. 1957.

"Três Escritores Rumam para o Brasil Este Ano". (60), Santos, 18 maio 1958.

"Nosso Clássicos". (61), Santos, 25 maio 1958.

"Estrada Larga". (69), Santos, 20 jul. 1958.

"Manifestos da Província". (70), Santos, 27 jul. 1958.

"'Gabriela' de Ilhéus e Jorge Amado". (74), Santos, 24 ago. 1958.

"Cinqüentenário de Machado de Assis". (77), Santos, 14 set. 1958.

"Onde o Mérito, 'Seu' Martins". (81), Santos, 5 out. 1958.

"Notícia das 'Cartas' ". (82), Santos, 19 out. 1958.

"Drummond Cronista". (84), Santos, 2 nov. 1958.

"Problemas de Estilo". (106), Santos, 5 abr. 1959.

"Neoconcretismo". (107), Santos, 12 abr. 1959.

"Poemas de Mauro Mota". (119), Santos, 5 jul. 1959.

"'Marcha para Oeste' - Livro de um Poeta". (122), Santos, 26 jul. 1959.

"Dois Grandes Prêmios". (130), Santos, 20 set. 1959.

"Trinta Anos de Poesia". (136), Santos, 1 nov. 1959.

"Antonio Olinto – Poesia-Cinema". (147), Santos, 17 jan. 1960.

"Drummond a Limpo". (149), Santos, 31 jan. 1960.

"Questões de Orientação". (162), Santos, 1 maio 1960.

"Trem para o Futuro". (164), Santos, 15 maio 1960.

"Aprendiz de Leitura". (165), Santos, 22 maio 1960.

"Ainda o Leitor". (167), Santos, 5 jun. 1960.

"Há um Século e Hoje". (168), Santos, 22 jun. 1960.

"Fernando Pessoa, em 'Poètes d'Aujourd'hui' ". (184), Santos, 2 out. 1960.

"Fernando Pessoa a uma Distância de 25 Anos". (190), Santos, 13 nov. 1960.

"Um Quarto de Século sobre um Assassínio". (207), Santos, 12 mar. 1961.

"De Novo Fernando Pessoa". (208), Santos, 19 mar. 1961.

"Apertar os Cintos". (209), Santos, 26 mar. 1961.

Panfleto

GALVÃO, Patrícia. *Verdade e Liberdade*. São Paulo, 1950.

Traduções

APOLLINAIRE, Guillaume. "La Colombe Poignardée et le Jet d'Eau". Suplemento Literário do *Diário de São Paulo*, 18 maio 1947.

JOYCE, James. "O Enterro" (trecho de *Ulisses*). Suplemento Literário do *Diário de São Paulo*, 2 fev. 1947.

SOUPAULT, Philippe. "Diga Isso Cantando" (poema de *Aquarium*, de 1917). Suplemento Literário do *Diário de São Paulo*, 8 jun. 1947.

_____. "Passeio" (poema de *Aquarium*, de 1917). Suplemento Literário do *Diário de São Paulo*, 8 jun. 1947.

Sobre Patrícia Galvão

"Um Filme sobre a Vida da Contemporânea Pagu". São Paulo, *O Estado de S. Paulo*, 12 mar. 1982.

"Pagu, lado B: Musa do Modernismo Escreveu Literatura Barata". São Paulo, *Veja*, 15 maio 1996, p. 125.

ADONIAS Filho. "A Famosa Revista". *Modernos Ficcionistas Brasileiros*. Rio de Janeiro, Ed. O Cruzeiro, 1958, pp. 58-62.

ANDRADE, Carlos Drummond de. "Imagens de Perda – Patrícia, João Dornas Filho". Rio de Janeiro, *Correio da Manhã*, 16 jan. 1963.

ANDRADE, Oswald. "A Casa Modernista, o Pior Crítico do Mundo e Outras Considerações". São Paulo, *Diário da Noite*, jul.1930.

ASCHER, Nelson. "Originalidade de Pagu Supera sua Militância: 'Parque Industrial' é Superior à Média do Realismo Socialista". *Folha de S. Paulo*, Ilustrada, 10 abr. 1994.

AVELLAR, Jayme. "Berta Singerman e Pagu". *Diário de São Paulo*, 7 jun. 1929.

ALVARUS. "Exposição Tarsila-Pagu e Outros Antropófagos". *A Manhã*, Rio de Janeiro, 25 jul. 1929.

BESSE, Susan K. "Pagu: Patrícia Galvão-Rebel". *The Human Tradition in Latin America*. Wilmington, Scholarly Resources Inc., 1987.

GUEDES, Thelma. "Literatura Brasileira: Presença de Patrícia Galvão". In: XAVIER, Elódia (org.). *VI Seminário Nacional Mulher e Literatura – Anais*. Rio de Janeiro, NIELM, UFRJ, 1996, pp. 208-213.

CAMPOS, Augusto de (org.). *Pagu. Patrícia Galvão. Vida-Obra*. São Paulo, Brasiliense, 1982.

_____. *O Homem do Povo: Coleção Completa Fac-similar dos Jornais Escritos por Oswald de Andrade e Patrícia Galvão (Pagu)*. São Paulo, Imprensa Oficial do Estado / Arquivo do Estado, 1984.

CESANA, Marcos. "Pulp Fiction à Brasileira". *Cult: Revista Brasileira de Literatura*, São Paulo, (12):26-27, jul. 1998.

CORRÊA, Mariza. "A Propósito de Pagu". *Cadernos Pagu*, (1), Campinas, IFCH/Unicamp, 1993, pp. 14-16.

FERRAZ, Geraldo. "Patrícia Galvão Militante do Ideal". *A Tribuna*, Santos, 16 dez. 1962.

FURLANI, Lúcia Maria Teixeira. *Pagu: Livre na Imaginação, no Espaço e no Tempo*. 4. ed., Santos (SP), Ed. Unisanta/Universidade Santa Cecília, 1999.

GRAIEB, Carlos. "Textos Refletem Passado Modernista de Pagu". *O Estado de S. Paulo*, Caderno 2, 8 maio 1996.

GUSMÃO, Clovis. "Na Exposição de Tarsila". *Revista Para Todos*, XI (555):21, Rio de Janeiro, 3 ago. 1929.

JACKSON, Kenneth David. "Patrícia Galvão e o Realismo-Social Brasileiro dos Anos 30". *Jornal do Brasil*, Caderno B, 22 maio 1978.

MARQUES, Mario. "Modernismo em Transe: Musa de Oswald de Andrade Usou Pseudônimo em Revista Popular. Mistérios de Pagu. Reedição de Contos 'Noir' Comprova Pioneirismo da Autora no Gênero". *O Globo*, Segundo Caderno, 19 fev. 1997.

MARSHALL, Todd Irwin. *Patrícia Galvão's Parque Industrial: A Marxist Feminist Reading.* Chapel Hill, Department of Romance Languages, University of North Carolina, 1994 (Tese de Mestrado em Artes).

MESQUITA, Alfredo. "Patrícia Galvão". *O Estado de S. Paulo*, Suplemento Literário, 28 fev. 1971.

MILLIET, Sérgio. "Comentário Crítico sobre o Romance *A Famosa Revista*". *Diário Crítico*, São Paulo, Martins Fontes, 1945, 3º vol., pp. 189-195.

MOLICA, Fernando. "Acervo Traz Textos de Pagu Feitos na Cadeia, em 1938", *Folha de S. Paulo*, Brasil, 5 nov. 1995.

PAVÃO, Ari. "Parque Industrial". *Bronzes e Plumas*. Rio de Janeiro, Renascença, pp. 21-22.

RIBEIRO, João. "Mara Lobo. Parque Industrial". *Jornal do Brasil*, 26 jan. 1933.

SANTAELLA, M. L. "Pagu: A Coragem de Inventar a Vida". *Jornal da Tarde*, Caderno de Programas e Leituras, 17 jul. 1982.

Bibliografia Geral

ADONIAS Filho. *O Romance Brasileiro de 30*. Rio de Janeiro, Bloch, 1969.

ADORNO, Theodor W. *Minima Moralia: Reflexões a Partir da Vida Danificada*. 2.ed., Trad. de Luiz Eduardo Bicca. Revisão da Trad. Guido de Almeida. São Paulo, Ática, 1993.

_____. *Teoria Estética*. Trad. de Artur Morão. Lisboa, Edições 70, 1970.

_____. "Engagement". *Notas de Literatura*. Trad. de Celeste Galeão e Idalina de Azevedo. Rio de Janeiro, Tempo Brasileiro, 1973, pp. 51-71 (Col. Tempo Universitário, n. 36).

ALBERA, François. "Dziga Vertov crée la Kino Pravda". *Cahiers du Cinéma*, n. spécial 100 journées qui ont fait le cinéma. Paris, janvier, 1995, p. 29.

ANDRADE, Oswald de. *Serafim Ponte Grande*. São Paulo, Círculo do Livro, s.d.

_____. *Marco Zero I: A Revolução Melancólica*. São Paulo, Globo, 1991.

_____. *Marco Zero II: Chão*. São Paulo, Globo, 1991.

AMADO, Jorge. *Cacau*. 50.ed., Rio de Janeiro, Record, 1996.

BASBAUM, Leôncio. *História Sincera da República; de 1930 a 1960*. 6. ed. São Paulo, Alfa-Omega, 1991, vol. 3.

_____. *Uma Vida em Seis Tempos: Memórias*. São Paulo, Alfa-Omega, 1976.

BATAILLE, Georges. *A Literatura e o Mal*. Trad. de Suely Bastos. Porto Alegre, L&PM, 1988.

BELLUZZO, Ana Maria de Moraes (org.). *Modernidade: Vanguardas Artísticas na América Latina*. São Paulo, Memorial da América Latina/Unesp, 1990.

BENJAMIN, Walter. *Tentativas sobre Brecht*. Trad. e prólogo de Jesus Aguirre. Madri, Taurus, 1987.

_____. *Charles Baudelaire: Um Lírico no Auge do Capitalismo. Obras Escolhidas III.* 3. reimpr. Trad. de José Carlos Martins Barbosa e Hemerson Alves Baptista. São Paulo, Brasiliense, 1995.

BEYLIE, Claude. *As Obras-Primas do Cinema.* São Paulo, Martins Fontes, 1991.

BOLLE, Willi. *Fisiognomia da Metrópole Moderna. Representação da História em Walter Benjamim.* São Paulo, Edusp/Fapesp, 1995.

BORNHEIM, Gerd. *Brecht: A Estética do Teatro.* Rio de Janeiro, Graal, 1992.

BOSI, Alfredo. *História Concisa da Literatura Brasileira.* 3. ed., (17ª tiragem), São Paulo, Cultrix, s.d.

BOSI, Alfredo *et alii. Graciliano Ramos.* Ática, São Paulo, 1987 (Col. Escritores Brasileiros. Antologia e Estudos).

BRETON, André. *Manifestos do Surrealismo.* Trad. de Luis Forbes. São Paulo, Brasiliense, 1985.

_____. *Surrealismo Frente a Realismo Socialista.* Barcelona, Tusquets, 1973 (sem nome do tradutor).

BURGUER, Peter. *Teoría de la Vanguardia.* Trad. de Jorge García. Barcelona, Ediciones Península, 1987. (Col. Historia, Ciencia, Sociedad).

CANDIDO, Antonio. *Literatura e Sociedade: Estudos de Teoria e História Literária.* 3. ed. revista. São Paulo, Companhia Editora Nacional, 1973.

CANDIDO, Antonio & CASTELLO, J. Aderaldo. *Modernismo.* 9. ed., São Paulo, Difel, 1983 (Col. Presença da Literatura Brasileira, III).

COSTA, Iná Camargo. *A Hora do Teatro Épico no Brasil.* Rio de Janeiro, Paz e Terra, 1996.

DECCA, Maria Auxiliadora Guzzo. *A Vida Fora das Fábricas: Cotidiano Operário em São Paulo, 1920-1934.* São Paulo, Paz e Terra/Oficinas da História, 1987.

DE MICHELLI, Mario. *As Vanguardas Artísticas.* Trad. de Pier Luigi Cabra. São Paulo, Martins Fontes, 1991.

DUROZOI, G. & LECHERBONNIER, B. *O Surrealismo: Teorias, Temas e Técnicas.* Coimbra, Livraria Almedina, s.d.

ENZENSBERGER, Hans Magnus. "As Aporias da Vanguarda". In: BADER, Wolfgang (sel. e introd.). *Com Raiva e Paciência. Ensaios sobre Literatura, Política e Colonialismo.* Trad. de Lia Luft. Rio de Janeiro/São Paulo, Paz e Terra/Instituto Goethe, 1985.

FABRIS, Annateresa (org.). *Modernidade e Modernismo no Brasil.* Campinas, Mercado de Letras, 1994 (Col. Arte: Ensaios e Documentos).

FACIOLI, Valentim (org.). *Breton-Trótski: Por uma Arte Revolucionária Independente.* Trad. de Carmem Sylvia Guedes e Rosa Maria Boaventura. São Paulo, Paz e Terra/Cemap, 1985 (Col. Pensamento Crítico).

FAUSTO, Bóris. *História do Brasil.* 4. ed. São Paulo, Edusp, 1996.

FERREIRA, Maria Nazareth. *Comunicação e Resistência na Imprensa Proletária.* São Paulo, ECA-USP, 1990 (tese de Livre Docência).

FOULQUIÉ, Paul (org.). *Dicionario del Lenguaje Filosófico.* Trad. de César Armando Gómez. Madri, Labor, 1967.

FREUD, Sigmund. *A Interpretação dos Sonhos* (vols. II e III de *Obras Completas de Sigmund Freud*). Trad. Odilon Gallotti. Rio de Janeiro, Delta, s.d.

FREYRE, Gilberto. *Manifesto Regionalista.* Recife, Ed. Região, 1952.

GALLAS, Helga. *Teoría Marxista de la Literatura.* Buenos Aires, Siglo XXI, 1973.

GIDE, André. *Littérature Engagée.* Textes réunis et présentés par Yvonne Davet. Paris, Gallimard, 1950.

GRANJA, Vasco. *Dziga Vertov*. Lisboa, Livros Horizonte, 1981 (Col. Horizonte de Cinema, 7).

HOBSBAWM. Eric J. *História do Marxismo V*. Trad. de Carlos Nelson Coutinho, Luiz Sérgio N. Henriques e Amélia Rosa Coutinho. Rio de Janeiro, Paz e Terra, 1985.

JAMESON, Fredric. *Marxismo e Forma. Teorias Dialéticas da Literatura no Século XX*. Trad. de Iumna Simon, Ismail Xavier e Fernando Oliboni. São Paulo, Hucitec, 1985.

JOÃO Antonio, "O Grã-fino que Cantou os Bairros Populares". Suplemento de Cultura do *Estado de S. Paulo*, 10 jun. 1995.

KOFLER, Leo; ABENDROTH, Wolfgang & HOLZ, Hans Heinz. *Conversando com Lukács*. Trad. de Giseh Vianna Konder. Rio de Janeiro, Paz e Terra, 1969 (Série Rumos da Cultura Moderna, 32).

LACERDA, Rodrigo. "Mosaico Fora-da-Lei". *Folha de S. Paulo*, Jornal de Resenhas, ago. 1997.

LIMA, Sérgio. *A Aventura Surrealista*. Campinas/São Paulo/Rio de Janeiro, Editora da Unicamp/Editora Unesp/Vozes, 1995 (Tomo 1).

LINS, Paulo. *Cidade de Deus*. São Paulo, Companhia das Letras, 1997.

LOPES, Paulo César Carneiro. *Utopia Cristã no Sertão Mineiro: Uma Leitura de "A Hora e a Vez de Augusto Matraga", de João Guimarães Rosa*. São Paulo, Faculdade de Letras da FFLCH-USP, 1995 (Dissertação de Mestrado).

LOTTMAN, Herbert R. *A Rive Gauche: Escritores, Artistas e Políticos em Paris 1930-1950*. Trad. de Isaac Piltcher. Rio de Janeiro, Guanabara, 1987.

LUKÁCS, Georg. *Teoria do Romance*. Lisboa, Editorial Presença, s.d.

_____. *Ensaios sobre Literatura*. Trad. de Leandro Konder. Rio de Janeiro, Civilização Brasileira, 1968.

_____. *Historia y Consciencia de Clase*. Trad. de Manuel Sacristan. México, Grijalbo, 1969.

_____. *Introdução a uma Estética Marxista*. Trad. de Carlos Nelson Coutinho e Leandro Konder. Rio de Janeiro, Civilização Brasileira, 1970.

_____. *Realismo Crítico Hoje*. Brasília, Coordenada-Editora de Brasília, 1969.

_____. *Sociología de la Literatura*. Trad. de Michael Faber Kaiser. Peninsula, Barcelona, 1973.

_____. *et alii*. *Polémica sobre Realismo*. Trad. de Floreal Mazza. Buenos Aires, Editorial Tiempo Contemporáneo, 1972 (Col. Trabajo Crítico).

_____. *et alii*. *Realismo, Materialismo, Utopia: Uma Polémica 1935-1940*. Trad. de Fernanda Cândida da Mota Alves Gomes, João Barrento, Maria Assunção Pinto Correia, Maria Fernanda Gil Pinheiro da Costa e Vera Maria San Payo de Lemos. Lisboa, Moraes Editores, 1978 (Col. Manuais Universitários, n. 10).

MACHADO, António de Alcântara. *Novelas Paulistanas*. Rio de Janeiro, 6.ed., José Olympio, 1979.

MACHADO, Carlos Eduardo Jordão. *O Debate sobre o Expressionismo: Um Capítulo da História da Modernidade Estética. Lukács, Bloch, Brecht, Benjamin e Adorno*. São Paulo, Faculdade de Filosofia da FFLCH-USP, 1991 (Dissertação de Mestrado).

MACHADO, Dyonelio. *Os Ratos*. São Paulo, Clube do Livro, 1987.

MARCUSE, Herbert. *Eros e Civilização: Uma Interpretação Filosófica do Pensamento de Freud*. Trad. de Álvaro Cabral. Rio de Janeiro, Zahar, 1968.

_____. *Cultura e Sociedade*. Trad. de Wolfgang Leo Maar, Isabel Maria Loureiro e Robespierre de Oliveira. São Paulo, Paz e Terra, 1998, vol. 2.

MARQUES NETO, José Castilho. *Solidão Revolucionária: Mário Pedrosa e as Origens do Trotskismo no Brasil*. São Paulo, Faculdade de Filosofia da FFLCH-USP, 1992 (tese de doutoramento).

MARX, Karl & ENGELS, Friedrich. *Manifesto Comunista*. Trad. Álvaro Pinna, org. e introd. de Osvaldo Coggiola, com ensaios de Antonio Labriola, Jean Jaurés, Leon Trotsky, Harods Laski, Lucien Martin e James Petras. São Paulo, Boitempo Editorial, 1998.

MENEZES, Paulo. *A Trama das Imagens: Manifestos e Pinturas no Começo do Século XX*. São Paulo, Edusp, 1997 (Texto e Arte, 14).

MICHALSKY, Lucie Didio. *Configuração da Visão de Mundo em "Os Ratos", de Dyonélio Machado*. Porto Alegre, UFRGS, 1977 (dissertação de mestrado).

MONTEIRO, Adolfo Casais. "Perspectiva do Surrealismo". *A Palavra Essencial: Estudos sobre Poesia*. São Paulo, Nacional/Edusp, 1965.

_____. *O Romance e os seus Problemas*. Lisboa, Casa do Estudante do Brasil, 1950.

MORAES, Dênis de. *O Imaginário Vigiado: A Imprensa Comunista e o Realismo Socialista no Brasil*. Rio de Janeiro, José Olympio, 1995.

MORAWSKI, Stefan. *Fundamentos de Estética*. Trad. de José Luis Álvarez. Barcelona, Ediciones Península, 1977 (Col. Historia, Ciencia, Sociedad).

MOREL, Jean-Pierre. *Le Roman Insuportable: l'Internationale Littéraire et la France (1920-1932)*, Paris, Gallimard, 1985.

PEDROSA, Mário. *Política das Artes*. Otília Arantes (org.). São Paulo, Edusp, 1995.

PEIXOTO, Fernando. *Maiakóvski: Vida e Obra*. Rio de Janeiro, José Álvaro Editor, 1969 (Col. Vida e Obra, 9).

PENNA, Luciana Artacho. "A Bala e a Fala". *Cult: Revista Brasileira de Literatura*, São Paulo, (6):27-29, jan. 1998.

PINHEIRO, Paulo Sérgio. *Estratégia das Ilusões*. São Paulo, Companhia das Letras, 1991.

POLITZER, Georges et alii. *Princípios Fundamentais de Filosofia*. Trad. de João Cunha Andrade. São Paulo, Hemus, 1970.

RAMOS, Jorge Leitão. *Sergei Eisenstein*. Lisboa, Livros Horizonte, 1981 (Col. Horizonte de Cinema, 6).

RIPELLINO, A. M. "Maiakóvski e o Cinema". *Maiakóvski e o Teatro de Vanguarda*. São Paulo, Perspectiva, 1971. pp. 241-269.

SANGUINETI, Edoardo. *Ideologia e Linguagem*. Trad. de António Ramos Rosa e Carmen Gonzalez. Porto, Portucalense, 1972.

SANTANA, Ilmar Esperança de Assis. *O Cinema Operário na República de Weimar*. São Paulo, Editora da Universidade Estadual Paulista, 1993.

SCHNAIDERMAN, Boris. *A Poética de Maiakóvski*. São Paulo, Perspectiva, 1984 (Col. Debates, 39).

SCHWARZ, Arturo. *André Breton, Trótski et l'Anarchie*. Paris, Inédit, 1977 (Col. 10/18).

SCHWARTZ, Jorge. *Vanguardas Latino-Americanas: Polêmicas, Manifestos e Textos Críticos*. São Paulo, Iluminuras/Edusp/Fapesp, 1995.

SCHWARZ, Roberto. *Que Horas São?: Ensaios*. São Paulo, Companhia das Letras, 1987.

_____. "Uma Aventura Artística Incomum". *Folha de S. Paulo*, Caderno Mais!, 7 set. 1997.

SERGE, Victor. *Littérature et Révolution*. Paris, Librairie François Maspero, 1976 (Petite Collection Maspero).

STEINER, George. *Lenguaje y Silencio. Ensaios sobre la Literatura, el Lenguaje y lo Inhumano*. Barcelona, Gedisa, 1982 (Col. Hombre y Sociedad, Serie Mediaciones). Em português: *Linguagem e Silêncio: Ensaios sobre a Crise da Palavra*. Trad. de Gilda Stuart e Felipe Rajabally. São Paulo, Companhia das Letras, 1988.

TELES, Gilberto Mendonça. *Vanguarda Européia e Modernismo Brasileiro: Apresentação e Crítica dos Principais Manifestos Vanguardistas*. Rio de Janeiro, Vozes, 1972 (Col. Vozes do Mundo Moderno, 6).

TRÓTSKI, Leon. *Literatura e Revolução*. Trad. e apres. de Moniz Bandeira. Rio de Janeiro, Zahar, 1969.

_____. *Diário do Exílio*. Trad. de Juan Martínez de la Cruz. São Paulo, Edições Populares, 1980 (Col. Trótski, *Obras Completas*).

Título	*Pagu: Literatura e Revolução*
Autora	Thelma Guedes
Capa e Projeto Gráfico	Marcelo Masuchi Neto
Editoração Eletrônica	Marcelo Masuchi Neto
Fotos da Capa	Montagem feita a partir da foto de Pagu creditada aos *Irmãos de Los Rios* (Rio de Janeiro), 1931 ou 1932 (Arquivo do MIS, São Paulo) e da reprodução da foto da Tecelagem de Seda Italo-Brazileira pertencente ao banco de dados do Jornal da USP.
Fotos do Miolo	*Irmãos de Los Rios* (Rio de Janeiro), 1931 ou 1932 (Arquivo do MIS, São Paulo), p. 2. Detalhe da fotografia tirada para o "Concurso Fotogênico de Beleza Feminina e Varonil", promovido pela Fox, em 1927. (Coleção Sidéria R. Galvão), pp. 11, 13, 17, 21, 47, 71, 109, 137, 143.
Revisão	Thelma Guedes e Geraldo Gerson de Souza
Formato	16 x 23 cm
Mancha	11,7 x 18 cm
Tipologia	Times
Papel	Pólen Rustic Areia 85 g/m^2 (miolo) Cartão Supremo 250 g/m^2 (capa)
Número de Páginas	153
Fotolitos	FHS – Studio e Pré-impressão
Impressão e Acabamento	Gráfica Palas Athena

Impresso nas oficinas da
Gráfica Palas Athena